教养，谁说了算？

（台）凯信教养研究连线◎著

朝華出版社

图书在版编目(CIP)数据

教养,谁说了算?/(台)凯信教养研究连线著. -北京:
朝华出版社,2013.3
ISBN 978-7-5054-3381-6

Ⅰ.①教… Ⅱ.①凯… Ⅲ.①家庭教育 Ⅳ.①G78
中国版本图书馆 CIP 数据核字(2013)第 046292 号

著作权合同登记图字:01-2013-1968
本书中文简体字版由凯信企业管理顾问有限公司授权朝华出版社
在中国大陆地区独家出版

教养,谁说了算?

作　　者　(台)凯信教养研究连线

选题策划　杨　彬　王　磊
责任编辑　梁　惠
特约编辑　武　瑾
责任印制　张文东
封面设计　荆棘设计

出版发行　朝华出版社
社　　址　北京市西城区百万庄大街 24 号　　邮政编码　100037
订购电话　(010)68413840　68996050
传　　真　(010)88415258(发行部)
联系版权　j-yn@163.com
网　　址　www.blossompress.com.cn
印　　刷　三河市灵山装订厂
经　　销　全国新华书店
开　　本　787mm×1092mm　1/16　　字　　数　160 千字
印　　张　15
版　　次　2013 年 5 月第 1 版　2013 年 5 月第 1 次印刷
装　　别　平
书　　号　ISNB 978-7-5054-3381-6
定　　价　28.00 元

前言
prefance

不同的教养步调，是孩子成长的一大隐忧

非常多的家庭，只要提到教养不同调，人们就会告诉你那是自然的。甚至有些家庭一天到晚为了教养问题在烦恼和争吵；而有些家庭则认为得过且过，不同调就算了，睁一只眼闭一只眼等孩子大了就好了。

其实教养不同调，问题可大可小，小至大人之间关系不好，大至可能造成孩子的成长问题，甚至变成整个家庭的问题。

首先，我们要有一个认知：在世界上就算是双胞胎，也有意见分歧的时候，所以教养同调的意义不是要求所有人的想法、做法要一样，那几乎是不可能办到的。有些家

庭会提议，孩子的教养就交给某一个成员来负责，这样家人对孩子的教育就变成“一言堂”——只有一个人说的、做的才算数。这样的教养方式也是非常不恰当的，可能让担负责任的家庭成员压力太重，如果对孩子过于严厉，而其他的家族成员就变成了好好先生或好好太太。所以我们先要了解，教养不同调的意义是指哪些方面，才能知道如何协调才能让教养变成同调。

在孩子成长的过程中，孩子会观察身边的大人们，他们甚至会展开测试，并思考大人对一些事情的认知和底线。大人们只有给孩子确定的答案才能让孩子清楚地知道，原来这样是可以的，那样是不行的，然后孩子会开始建立自己的价值观。

如果大人们有不一致的论调或行为，孩子就会产生怀疑，不确定如何做才是对的。然后孩子测试大人的时间开始拉长，或者孩子会选择在不同的人面前展现不同的行为模式，借此达到自己想要的目的，但是价值观也可能渐渐开始产生偏差了。

毕竟在不成熟的世界里面，幼小孩子还无法分辨真正的好与坏。一般来说，给他糖果的就是好人，不让他吃糖果的就是坏人。所以让他喝可乐的就是爱他的、对他好的，不让他喝可乐的就是不爱他的、对他不好的。然而事实却并非如此简单。父母的教养之所以重要，就是在这种行为模式上要建立起孩子正确的价值观。

如果大人之间没有产生一个和谐的共鸣，就可能会造成孩子行为或成长的一些偏差，这是所有为人父母的都不希望发生的问题。如何让大人一起好好地协调，产生和谐的共鸣，就成为现代父母需要好好重视的一大课题。

什么样的情况容易产生教养不同调呢?

一般来说，最容易发生教养不同调的就是孩子的父母。很多夫妻本身的搭配就是“急惊风配上慢郎中”，或是外向的个性配上内向的性格，也有的是父母双方的成长过程差异很大。例如城市和乡村两个地区长大的人，由于孩童时期的成长过程截然不同，在面对孩子的教养上也会出现许多不同调的地方。

另外，一个现代家庭常发生教养不同调的情况还表现在越来越多的双薪家庭或是单亲家庭，因为父母都要工作，所以孩子交给保姆或是爷爷奶奶外公外婆来照顾。照顾者不同，就会产生许多教养不同调的问题。

下面就让我们一起来探讨这些教养不同调的问题产生的状况，以及如何让不同调变成同调的解决方案。

目录
CONTENTS

Part 1 大人唱同调，孩子才不会变调

Part 2 夫妻教养不同调，怎么办？

Part 3 公婆VS夫妻——教养不同调，怎么办？

Part 5 人物专访：我们都是同一个调调？

Part 6 专家教你如何教养同调

Part 1

大人唱同调，孩子才不会变调

经常上演的家庭剧

由于大人的教养不同调，许多的家庭每天都会上演各式各样的状况剧，当大人们在争论教养方式时，可能并不会想到这些教养问题，但这些教养问题确确实实地会影响到孩子的成长。那么，孩子的成长会因此受到什么样的影响，其实就是在这一出出的状况剧里，看看大人是如何处理和解决问题的。下面就是一个例子：

“我不是说过不可以给孩子喝饮料？你妈今天又买可乐给孩子喝。”

“喝一点儿可乐有什么关系，我妈带孩子带得好好的，你不要在旁边插手管这管那的好不好?”

两个大人高分贝地争执着，4岁的孩子在一旁泪眼汪汪地看着妈妈，再用着哀求的眼神看着爸爸。

大伟一下班回到家就看到老婆郁玲不高兴的脸色，想到刚刚开车在回家路上已经接到妈妈打来的电话，说今天孩子都很乖，所以买了孩子吵着要了很久的可乐给他喝，结果郁玲接孩子的时候看到了很不高兴。妈妈电话里嘟嘟囔囔地说着自己帮儿子带孙子，还要看媳妇的脸色有多委屈，大伟的心情被妈妈说得已经不太开心了，回到家后老婆又不高兴地碎碎念。

郁玲下班去婆婆家接孩子的时候，看到他手上拿着可乐，当下整个怒气就往上冲。因为她已经跟婆婆好说歹说很多次，孩子才 4 岁不要让他养成喝饮料这种不健康的习惯，口渴就喝水，不然就喝新鲜的果汁，这种只有糖分的汽水对孩子没有任何一点儿好处，还会让孩子长蛀牙、变

胖、不爱喝水，但是婆婆都不听，只要孩子吵着要喝就买给他。

“我已经跟妈说过很多次这种饮料对小孩不好，妈就是不听啊。”“我也跟你说过很多次，是妈在帮我们带小孩，你要感激而不是给她脸色看。”“可是你在孩子面前偏袒你妈，又说喝可乐没关系，要我怎么教小孩？”

真正的问题现在才开始慢慢浮现了，喝可乐事小，怎么教孩子才是问题点。

这样的对话内容对许多的父母而言是不陌生的。随着双薪家庭的增多，孩子的成长过程中，参与的角色也变多，不再是像过去家庭结构所呈现的：母亲负责在家照顾孩子，一肩担起孩子的教养责任；现在，很多母亲开始出外工作，就变成爷爷奶奶或外公外婆在负责带小孩，也有一些是找保姆来协助带小孩，而假日或平日下班后将孩子接回家。由于参与孩子教养过程的人员变得多元、复杂，而每个成员的成长背景、个性、想法、观念等又有所不同，在孩子的教养上，难免就会有不同做法的情形发生。因此，如何保持良好的沟通、如何尽量减低教养不同调所产生的问题都考验着现代的父母。

教养孩子不只是母亲一人的责任，而是需要夫妻共同努力。此时，夫妻两人的观念和个性的不同，就会造成教养孩子的态度不同。可能妈妈在为孩子的学习课业伤脑筋，督促孩子要用功的时候，爸爸却觉得课业没那么重要，念书开开心心就好了。两人的教养开始分歧，孩子的内心也会由此开始产生变化哦！

教养的分歧，让孩子无所适从、产生罪恶感

所谓的教养分歧，就以大伟和郁玲的例子来看，在喝可乐的观点上：郁玲是站在对孩子健康的立场，不赞成给孩子喝可乐；然而大伟是站在自己母亲和为人子的立场，认为孩子喝可乐没有关系。

简单地分析两个人，因为所持的立场和观点不同，所以答案当然也就不同，大人可能觉得这种争论没有什么，或许都坚持己见，都觉得对方不够贴心不够细心。可是在孩子的心里反应出来的却有可能是：

1. “都是因为我不乖，所以害爸爸妈妈吵架了，怎么办？”（无助）

2. “我坏坏，我要喝可乐，害奶奶跟妈妈不开心，我是坏小孩。”（自责）

3. “妈妈说不能喝，爸爸说没关系，奶奶会买给我，那可乐到底能不能喝？”（困惑）

4. “可乐很好喝，爸爸跟奶奶都不会管，只有妈妈管，所以妈妈不爱我吗？”（质疑）

这些问题在孩子心中产生，但是却不是正面的。因为孩子心中的想法没有人知道，所以，孩子无法适时地得到答案和帮助。同样的状况如果不断重复和发生，这次是可乐，下次是课业，或是玩具等等，一次次的意见分歧就会造成孩子的无所适从和罪恶感。

大伟和郁玲其实真正想要的，是希望家人健康、相处和乐，但是因为没有好的沟通教养孩子的方式和对事情的处理态度，就造成了夫妻争执，婆媳失和，孩子无助、自责又困惑。

其实，以这个可乐事件来说，大伟和郁玲两个人应该针对两大议题做深入的讨论：

1. 孩子可不可以喝可乐？

2. 当奶奶或长辈买可乐给孩子的时候，要怎么处理最恰当？

第一个问题不是要夫妻两个人就“可不可以”争执不下，而是针对“是否有必要完全不能喝”“可以规定一星期不可以喝超过几次”或者“在什么情况下可以准许喝一点（例如：喜宴、奖励等等）”，双方达成共识，并且统一步调来执行，才能解决问题和帮助孩子。

第二个问题也是一个家庭常常会需要面对的问题，所以可乐只是一个状况，会发生的状况还有很多。当长辈的常常会用“糖果”“饮料”“玩具”来吸引孩子的注意，哄孩子来达到要求孩子听话的目的。当这种情况发生的时候，当场拒绝会让长辈看到不悦的脸色，成为长辈不开心、抱怨的源头。

家人应该事先好好讨论，例如：选择较适当的时机去沟通，爷爷奶奶可以请爸爸以儿子的身份去沟通协调；外公外婆就请妈妈以女儿的身份去撒娇之类的。

有个例子就很不错，宝宝很爱吃糖，但是又有蛀牙，所以妈妈就决定不给宝宝吃糖。可是奶奶每次来看宝宝都会带糖，所以宝宝看到奶奶就跟看到糖果一样又蹦又跳的。妈妈跟奶奶沟通了几次都没用，因为老人家就是喜欢孩子看到自己很开心的感觉。

后来妈妈看到有小朋友专用的维他命，圆圆的，彩色的，做得很像糖果的样子，妈妈吃了也觉得还不错，就买回家自己用糖果纸一颗颗包好，然后送到奶奶家，跟奶奶说这是对小朋友很好的维他命糖果，希望奶奶下次去家里看宝宝就带这个维他命糖。

奶奶当然也很开心，因为她觉得又可以给孙子吃糖，又可以让孙子吃到维他命，孙子见到她一样很开心，何乐而不为？大人之间针对问题多沟通、多协调，一起找到好方法，就可以让问题变得圆满。

教养的分歧，让孩子不安、情绪不稳、人际关系差

在孩子价值观建立的过程当中，父母或是家人之间的教养分歧而产生的摩擦和争执，会让孩子的无所适从感加深，问题就会不知不觉在孩子的一些言行举止当中显现出征兆。

例如：孩子会很容易不安，因为听爸爸的话而去做的事，很可能等一会儿妈妈看到了却会被责备；而听妈妈的话也可能发生同样的状况；更糟的是孩子还会担心是不是害爸爸妈妈又大吵一架。于是，在孩子心中产生怎么做都不好的状态，胆怯和不安就会慢慢影响他人格的形成。

此外，胆怯和不安也开始造成另外一个问题：自我保护的意识会自动在胆怯和不安的地方做防御动作。不安的孩子特别容易暴躁或易怒，因为他也不确定怎么做才是对的，于是不确定性加深了孩子的焦虑，有时候孩子会产生退缩与放弃的念头，有时候可能会因为不安而觉得愤怒。

孩子在情绪不稳时心中的想法可能会有下列几种：

1．“你们又来了，反正我怎么做都不对。”（自责型）

2．“不要再这样了，你们意见不同都是我害的，我最好什么都不做就不会让大家不开心了。”（退缩型）

3．“我真的很不开心，你们是自己爱吵架，然后拿我当借口吗？”（疑惑型）

4．“烦死了，我爱喝就喝、爱吃就吃，你们吵来吵去，也不会有什么好结论的。”（冲动型）

胆怯、不安、情绪起伏大，都会造成孩子对他人的不信任或者质疑，间接地影响到孩子和其他人的相处模式。当然身边同年龄的孩子也会受到影响而做出反应，例如取笑、嘲弄，或者与孩子保持距离。

而这样的孩子更容易受挫和加深负面思想，人际关系也会跟着变糟糕。

通常孩子的心声和想法，也许大人无法马上得知，但是多跟孩子聊天是一种很好的沟通方式，常常在聊天中会听到一些孩子心中的想法，例如孩子会说：“妈妈我不想害你跟爸爸吵架，我以后会乖乖的，再也不喝可乐了。”

大多数的大人可能会在听到孩子这样说的时候觉得很窝心，摸摸孩子的头说：“宝贝你好乖呦！”

但是这样的行为却可能加深了孩子的自责和对自己的否定，让孩子误以为真的就是自己不乖害父母吵架的。其实这样的问题是可以避免的，大人应该要去了解孩子说这句话所代表的意义，孩子的心理是否已经被大人们因为教育的理念分歧而受到了伤害，而不是摸摸孩子的头说“你好乖”就可以了，需要更进一步地询问孩子：“你是这样想的吗？你觉得是你害妈妈跟爸爸吵架？”“爸爸或妈妈说的哪些话，让你觉得不开心、觉得是你自己害爸爸妈妈吵架的呢？”“我真的觉得很抱歉，让你有这样不开心的感觉，但爸爸妈妈真的不是因为你才吵架的。我们会吵架是因为……”

当孩子敞开心房，愿意说出因为哪件事情或者哪些话语让他这样觉得的时候，大人就要赶快借此机会修复孩子的心灵，让孩子了解到其实事实是协商出了问题，没有谁害了谁的问题，消除孩子因为负面思考所产生的疑虑。

教养不同调，孩子容易“挑软柿子吃”

除了提到孩子的心理层面之外，教养不同调最为大家所诟病的问题就是产生“灰色地带”。“灰色地带”就是一件事情如果爸爸说不行，奶奶说行，结果奶奶是爸爸的妈妈，所以奶奶赢，这件事情就变成“可以”。那如果是在没有奶奶在的地方，同样一件事情，爸爸说不行，那妈妈说行，假设因为爸爸比妈妈凶，所以这件事情又变成“不可以”。同样一件事情，一下子“可以”一下子又变“不可以”，教养问题处在模糊不清的灰色地带。以上面的奶奶、爸爸和妈妈为例子，孩子就开始在心中排列出下面的状态：

奶奶 > 爸爸 > 妈妈

所以如果孩子正在做不准许的事情，妈妈看到了制止说不可以，孩子可能就不会听从，继续为所欲为，等到爸爸出面也说不可以的时候，孩子可能会暂停或迟疑一下，但是他还在等，等看看奶奶会说可以还是不可以。

也可能当孩子希望大人同意，但是大人的答案并非他心中所预期的，他就会开始寻找其他大人的答案，一直到他听到自己想要的答案为止。这个给他满意答案的大人无形中给孩子特权，同意了他想要做的事情。

3 岁半女儿小苹果，在大卖场看到了一组扮家家酒的厨具，她很想要买，于是她问妈妈。

妈妈说：“家里很多类似的玩具了，不买。”

她就再去问爸爸，爸爸说：“要问妈妈，如果妈妈说买就买。”

小苹果的嘴就撅了起来，因为她想买，可是爸爸妈妈都说不买。下午妈妈要出门去办事情所以带小苹果到外婆家去玩。小苹果看到外婆就跟外婆说她想要去大卖场，外婆想去逛逛也好，就带小苹果去了大卖场。

当然，最后就是外婆买了小苹果想买的那组扮家家酒的玩具回家喽！

当爸爸妈妈看到了那组玩具的时候，心里也是非常无奈，因为没有想到现在的小朋友这么精明，才三岁半就会绕一大圈想尽办法得到自己想要的东西。这样是非常不好的状况，也许很多人的家庭都在进行着这种模式，甚至有老人会很骄傲地炫耀，“我的孙子都不听妈妈的，只听我这个奶奶的。”但是想想看，如果遇到真正危急的事情，例如孩子正接触一些可能会造成伤害的东西，当时若是只有妈妈在，妈妈阻止无效的时候，可能对孩子的伤害已经造成了。曾经友人的孩子就发生过这样血淋淋的例子。

4 岁的小王子，很活泼，喜欢自己在家中冲来冲去地玩，而且还发明了故意冲去假装撞到东西的玩法，让外婆很紧张。外婆每次带孙子都很紧张地阻止孙子这样乱跑，说这样跑很危险，但是爸爸看到却得意地说：“小王子很厉害啊！都不会撞倒，妈妈不用紧张啦！”

结果外婆每次叫孙子不要这样冲来冲去都没用。一次，小王子又开始心血来潮玩起这样冲冲撞撞的游戏，外婆怎么劝阻都无效的戏码也再度上演，然而这次却出了意外。因为小王子冲得太快，没刹住车，整个人撞向落地窗，落地窗的下方玻璃撞破之后碎掉，而上方的玻璃失去支撑就整面掉下来砸在小王子身上。

因为这场意外小王子的左手被玻璃切断，幸好大部分神经都接了回去，只是手术后还做了好几年的长期复健才恢复。

如果当初大人们正视问题，爸爸和外婆采取一致性的同调做法，不行的事情就是不行，而不是由孩子来看谁说不行的选择性听从，就可以避免这样的危机。

所以大人们必须共同认识到，孩子不是大人拿来争夺或炫耀权力的媒介、是非对错的认知、可行与不可行的判断。孩子由于教养不同调而变成“柿子挑软的吃”。小孩子选择性地听从教导，这样的问题在孩子的成长过程当中累积，绝对不会是一个好现象。

教养不同调，易引起不当的“代际联盟”

很多人都会说“家家有本难念的经”，其中最难念的一定有婆媳问题。常说要把婆婆当亲妈妈看，把媳妇当女儿爱，在没有孩子教养问题的时候，婆媳问题有时还不会浮上台面；当家中开始多了一个新生命，许多问题点因为牵扯到孩子的教养过程，问题就变得更严重，甚至演变成无法不立刻解决和处理的状况。

婆婆心里会想：“这是我们家的孙子，怎么可以吃这个？疼孙子就是我现在年纪大了该享受到的天伦，觉得我带小孩带得不好？我儿子当年还不是我这样把他养大的，好得很！”

而妈妈心里想：“孩子是我怀胎十个月辛辛苦苦生下来的宝贝，我有我的一套想法和教育方法。老一辈的处理态度和教育方式，不一定是适合孩子的，而且要是孩子成长过程中有什么问题，要面对他的还是我这个做妈妈的，希望长辈不要给太多意见。”

通常做儿子、丈夫、爸爸的，就会觉得自己很累：一边是自己的爸爸妈妈，一边是老婆，而且两边好像讲得都很有道理，很对，可是自己要赞成哪一边都会得罪人；如果选择两边都不理，就会更惨，会被冠上“冷漠”“不帮忙”“不关心孩子”等等罪名。

有时候家族的其他成员，比如，外公外婆，也会一不小心被卷进去这个擂台里面，上演一群人拉拉扯扯的角力战。

还有的是一个大家族都住在一起，有兄弟姊妹有妯娌，然后大家都各自有着年龄大大小小的孩子们，同在一个屋檐下，一会儿争论谁对这个孩子不公平，一会儿又争吵谁与谁不合，谁偏心谁等等。

一大堆的问题延伸或转化成所谓的“代际问题”或者产生“代间联盟”，大人之间没有沟通协调好，小孩子也绝对会受到很大的影响。

如果夫妻共同联合，一致批评和抵制公婆的教育方式或对公婆带孩子的看法不认同，呈现在孩子身上的后遗症很可能就是，孩子会对于爷爷奶奶这些长辈变得不尊重，因为在他会觉得，爸爸妈妈都不听你们的，我当然也不要听。但是有好吃的好喝的要吵着买玩的，孩子会第一时间想到去找爷爷奶奶，当问题出现、要被责备的时候，孩子可能就不负责任地全部推给长辈，认为这样是理所当然的结果。

曾经就看到在百货公司里，孙子对着爷爷奶奶颐指气使，像个小少爷出巡。爷爷奶奶在后面跟着伺候，一会儿喝汽水一会儿买糖果，东西乱丢，说话也非常没礼貌。但是等爸爸妈妈出现时，小少爷突然变乖了，然而对买汽水、糖果等等行为通通不认账，全部推给爷爷奶奶，说是爷爷奶奶硬要买给他，然后爸爸开始教训起自己的爸爸妈妈，爷爷奶奶也是无奈地笑笑，一心想维护孙子，就全都点头认错。这对孩子的教养有着严重的不良影响，但是这一家人或许还不自知。

有的“代际联盟”会是夫妻联合对长辈的教养方式不认同，有的则是丈夫和长辈联合不认同妻子，或者妻子和长辈联合不认同丈夫。其实不管是谁与谁联合抵制其他家庭成员，在孩子的成长过程当中，都会引起不同问题的发酵。最好的教养方式是，大家如果是一起接触到教养孩子的时候，就要避开孩子，所有成员好好沟通协调到底怎样处理问题和教育孩子是比较好的，甚至可以用分工的方式来进行，以避免对孩子产生不适当、不好的教养结果。

千万别当着孩子的面争执

这么多不同的教养分歧问题有一个最大的共同点，那就是“争执”。而且发生争执的时候，往往大人们都忘记了避开孩子，直接在孩子面前大吵特吵起来。

除了最常遇到的夫妻因为孩子的问题吵架之外，也会遇到长辈之间对于彼此教育小孩的方式不认同的问题，爷爷说可以，奶奶说不行，然后在孙子面前爷爷和奶奶就吵了起来。两个老人家吵得气呼呼，决定去找儿子和媳妇评理，结果变成了爷爷奶奶和儿子媳妇也吵成一团。一个小孩子的问题演变成一个家庭的问题。大人吵到脸红脖子粗，互不相让；小孩子则会无所适从，担心害怕。

大人争吵对各阶段孩子的影响

父母如果常常在孩子面前争吵，5 岁的孩子在看到父母争吵时，会在心中留下印象，虽然不知道爸爸妈妈在吵什么，但一种不安和恐惧的感受会留在在心中。

孩子10岁时，当父母争吵的时候可能会哭，会躲起来，因为他害怕；有的小孩子还会因为知道是自己让父母争吵的而产生自卑；严重的可能会有自残的情形发生。比如，11岁的敏敏以为自己如果不存在就不会害爸爸妈妈吵架了。还有的孩子认为，如果他把自己弄受伤了就可以吸引爸爸妈妈的注意，可以让爸爸妈妈的吵架中止。他单纯的想法只为了不想要看到自己所爱的两个人为自己而争吵，却做了让人最心痛的行为。

15岁的孩子，如果常常看到父母由于对自己的教养分歧而争吵，就容易产生偏激和悲观的想法；并且很容易将父母争吵时情绪性的一些用字遣词听进心里，有的还会由于不够成熟又不懂得如何表达自己的感受而产生严重的叛逆行为。

例如有的父母在争吵时会说"这孩子就是笨就是教不会"或者"你凭什么管她，你连你自己都管不好"等等，结果孩子就将这些话刻在心里面，无时无刻地告诉自己，"我就是笨，我就是教不会"，然后衍生出自暴自弃的行为。

也有孩子会在父母管教他的时候，用桀傲不驯的语气和态度对父母，因为他觉得"你们自己还不是这样"，或是会说“我都是跟你们学的”，孩子还不懂得评断事情的前因后果，却已经开始用叛逆的行为和态度来表达自己的不满和不信任了。

吵架阴影使孩子人生充满恐惧

在父母吵架阴影中成长的孩子，长大之后往往还会不断地将心中的恐惧表现在自己人生当中的许多层面。例如恐惧婚姻，因为他对自己没有信心，不敢承诺或结婚，也有的会因此不敢生孩子，因为他认为生了孩子，夫妻就会变成水深火热的怨偶，甚至有孩子成长到二三十岁，都还觉得自己就是造成父母吵架的主凶。

还有很多例子，呈现出孩子会因此对家庭失去热情变得很冷漠。这是因为孩子自我保护的心态在扩张，成长环境中父母的争执，让孩子以为自己只要长大独立离开家里，这一切就会改善，或者认为对父母的争吵眼不见为净就会好。

先观察和理解

这些问题都反应出父母若是常常当着孩子的面争吵，就会给孩子造成许多非常不好的影响。如果对于孩子的教养问题发生争执，容易让孩子有怪罪于己的不当联想。所以大人对孩子的教养问题产生意见不合的时候，一定要先想清楚自己所处的位置和状态，不要为了急于争个对错，就在孩子面前大吵起来。

有的父母还会要求孩子选边站，问孩子到底要听爸爸的还是听妈妈的，这是最错误、最不恰当的做法。这只是为了满足大人自己的求胜心和掌权欲望，完全不顾及孩子幼小又容易受创伤的心灵。孩子如果选择听妈妈的，就会觉得对不起爸爸，当然如果选择听爸爸的，也会觉得对不起妈妈。这样在孩子面前争吵又要孩子选边站的行为，是对孩子心灵的一种凌迟。

不管是夫妻还是长辈们，如果对孩子教养上的问题有不同的意见，最好的方式就是当下先观察，细心地体谅和理解每个人的立场和态度，然后进一步思考问题的切入点应该在哪里。等孩子睡了或是上学的时候，找个时机喝个茶聊个天，一方面避开了当时现场大家的情绪，说话会比较温和有条理；另一方面留下一段思考的时间以便有效地沟通出解决之道来。

切记，教养不同调，只是大家的立场和想法不同，不需要靠争执来争个谁对谁错，更不需要用不理智的言语来破坏家人之间的感情，因为这些对于教养孩子一点儿帮助都没有。真正有帮助的就是让大家达成共识，并且一起执行。

别让不同调的教养变成离婚导火线

虽然说夫妻吵架，床头吵床尾和，但在孩子的教养问题上夫妻产生分歧是没有时间和地点的选择权的，于是，就变成了时时刻刻都会爆发争执的状况，许多原本恩爱的夫妻甚至因此把感情吵到烟消云散。

萱如跟汉翔从大学时代交往，恋爱7年后在众人祝福中结婚，原本是大家眼中的金童玉女，但是从两个人的心肝宝贝女儿怡怡出生之后，两个人的生活就变了调。

萱如开始不断地跟姐妹淘们诉苦："交往这么多年来，我竟然都不知道汉翔这么难沟通，每次遇到我要教育怡怡的时候，汉翔都有意见。我知道女儿是他的心肝宝贝，人家说女儿是老公上辈子的情人，但是他也不能这么夸张，都不让我管教小孩，什么事情都要顺着怡怡的意思。我也是为了怡怡好，你现在把她宠坏了，以后要怎么办？为了怡怡的事情他跟我大吵，有没有搞错啊？我又不是怡怡的后妈，我是她亲妈呀！我管她是为她好，小孩子现在不教好，以后要纠正她的言行就难了，结果好像只有我在担心孩子，汉翔都觉得没关系不会怎样，汉翔他以为这样是爱小孩，我觉得是害小孩，我不能忍受他这样……”

而汉翔也会去跟朋友吐苦水：“我觉得萱如有产后忧郁症或焦躁症！怡怡只是一个不到5岁的小孩，萱如这个也要管那个也要教，什么事都说要怡怡有规矩，要怡怡站有站相坐有坐相，怡怡怎么可能都做得好，没有做到萱如的标准就要被处罚，我觉得怡怡这样真的好可怜，我看不下去。我不要让萱如这样管小孩，以前温柔又有耐心的萱如好像生完小孩之后就不见了。我希望萱如改变自己对怡怡的态度，结果变成我跟萱如每天在吵架。萱如说我不替孩子着想，我觉得萱如才是在伤害孩子幼小的心灵。哪有做妈妈的对自己小孩这么严厉的？我还不是在很自由又很随性的家庭里长大，我也成长得很好啊！我觉得萱如变太多了……”

两个人各自坚持自己的立场和看法，不能理解和接受对方教育孩子的方式和态度，为了能够捍卫自己对孩子的管教权和立场，甚至开始挑剔对方攻击对方，慢慢地瓦解了交往七年来对双方的认识和信赖。

朋友们只能听，却也插不上手，因为这样类似的问题很多家庭都会遇到，教养意见的分歧往往不是来自于谁一定是对的，争个对错不是真正可以解决孩子教养问题的好方法。在这个问题上，一定要先有“对与错不是真正的重点”才行，因为有时候两个大人都有一些错的部分，也可能都有一些是对的。

就拿萱如和汉翔对于怡怡的管教问题来看，萱如的确是从一个小女人变成了一个有使命感的妈妈。所以她可能为了捍卫孩子的成长过程和未来，不再像过去谈恋爱的时候一样容易妥协和退让，也会变得比较有攻击性。这让汉翔觉得萱如变了，甚至觉得萱如有忧郁症或焦躁症。

而萱如可能原本期望汉翔与自己一起教育孩子，但是汉翔的理念和自己不同，面对一个不了解她对孩子承担的那种使命感的丈夫，萱如也因此对汉翔失望。

两个人如果好好地把自己内心对教养孩子的想法与方式，做个完整的沟通。例如：汉翔接受萱如对孩子“需要教育”的理念，但是可以建议萱如改变方式，不要对怡怡只有要求和处罚；如果怡怡没有做好，萱如的处罚和责备方式是哪些，两个人可以一起讨论，不能打孩子但是可以有其他方式，沟通好了两个人就都要做到。另一方面，汉翔也可以建议萱如，如果怡怡做得好，那萱如是不是也该给怡怡一些鼓励和奖励。

另外，萱如也可以跟汉翔达成共识：不能只有萱如一个人在管教小孩，如果萱如不在的时候怡怡做错了事情，汉翔也要对怡怡采用与萱如一致的态度和方式。这样才能让怡怡知道，不是只有在妈妈面前要做好，这样爸爸才能建立自己在孩子心中的地位。

这样的沟通结果会对萱如、汉翔以及怡怡三个人都好，萱如不会感觉只有自己一个人在拼命想要把孩子教好，然后觉得很无力；汉翔也不会再觉得萱如太严厉，反而因此自己就更溺爱怡怡，造成反效果。

爸爸妈妈一个太严一个太放纵，很容易让孩子变成选择性做事或说话的多面型性格，要是再看到爸爸妈妈一天到晚为了自己的事情吵架甚至感情不好，孩子绝对会受到负面的影响。

因为教养不同调而让夫妻关系恶化甚至吵闹到离婚问题都浮上台面的家庭越来越多。原本两个大人都是为孩子好为孩子着想，却因此而让孩子去面对一个破碎的家庭，实在是一个很不明智的行为。

其实只要两个人静下心来，好好地找出问题的症结点，就是“两个人只是对于孩子的教养问题看法不同”，然后在一起好好商量，该如何在这样的问题上去找到一个双方都能接受的中间值和办法，再去掉两个人的情绪化和攻击态度，问题就不会那么严重了。

重点整理：教养不同调对孩子的影响

1. 不是要夫妻两个人争执不下，而是双方经过沟通达成共识，并且统一步调来执行，才能解决问题和帮助孩子。

2. 大人们必须共同认识到，孩子不是大人拿来争夺或炫耀权力的媒介、是非对错的认知、可行与不可行的判断等等，小孩子选择性地听从教导，“柿子挑软的吃”，这样的问题在孩子的成长过程当中累积，绝对不会是一个好现象。

3. 在孩子价值观建立的过程当中，父母或是家人之间的摩擦和争执，会让孩子的无所适从感加深，问题会不知不觉地在孩子的一些言行举止当中浮现出征兆。

4. 切记，教养不同调，只是大家的立场和想法不同，不需要靠争执来争个谁对谁错，更不需要用不理智的言语来破坏家人之间的感情；找出症结点，去除情绪化和攻击态度，寻求一个大家都能接受的中间值和办法！

Part 2

夫妻教养不同调，怎么办？

有孩子，就有教养问题

在探讨教养不同调的问题之前，首先要认识到的就是现代的社会超过半数以上的是双薪家庭，也就是丈夫和妻子都在上班。孩子出生是一件大家都开心的事，但是随之而来的就是一连串令人头痛的孩子教养问题。

夫妻也就是孩子的父母，是最常与孩子接触，也会是最常出现教养分歧问题的两个人。教养一个孩子会遇到的问题实在太多，小问题如吃什么、喝什么、穿什么，大问题如念什么幼儿园、上什么小学、参加什么社团、学什么才艺、要不要让孩子去补习、到底成绩要多好才不用担心、孩子的门禁要设几点、甚至有没有所谓的门禁……问题又多又繁琐。

男女之间本来就有些事情的看法和角度是相当不同的，当遇到了教养孩子意见不同的时候，夫妻二人更容易会发生争吵。如果这样的争吵有一些技巧和意义，就会是一个有用且有效的沟通，如果只是单纯的争执或者为了维护自己的面子而吵，对教养孩子只有负面的影响没有正面的好处。

针对夫妻对孩子的教养不同调要怎么办，我们有几点沟通和解决的小技巧与各位爸爸妈妈们分享。

破除防卫的态度

身边有非常多的朋友是因为孩子而导致夫妻不和。夫妻两人常常为了教育孩子的观念和行为，对彼此的说法、做法都有不同意见，而产生争执。夫妻对孩子的教养要同调，首要的工作就是两个人要先平心静气，将问题点导回正题，而不要让孩子的教养问题沦为夫妻之间的战争。

夫妻两人都要明白，每个人的生长环境不同，结婚是因为恋爱，生孩子是一种喜悦和责任的组合，但是到教养孩子的时候，要能够接受各种可能，两人看问题的角度不同，所以很容易就会有不同的想法和做法，不要先采取“防卫”的态度，否则很难踏出有效解决问题的第一步。

所谓的防卫态度，从丈夫和爸爸这一方来看，可以说是男性的主导权意识，许多男性常常会抱怨自己在家中的地位，因为有了孩子所以排在最后面。举例来说，还没有小孩的时候，老婆会问他晚上要吃什么；当有了小孩子后，老婆会说“这些都是对孩子好的食物，我没有时间另外帮你煮，所以你就一起吃吧！”

许多男人会开始产生很大的疑问，自己好像变成了附属品，因为家中成员很简单，老婆、孩子跟自己。老婆一切都以孩子为主，自己变得很不重要。这种潜在的心理作用，很容易会造成当老婆在管教孩子的时候，原本都没有声音的爸爸，会突然冒出意见，而有些意见真的会让老婆觉得很傻眼。

压抑情绪总会爆发

所谓很傻眼的意见，可以看下面这个例子：

珊妮抱怨说，她每天晚上规定孩子吃完晚餐可以看一小时的卡通片。每天作息时间都很固定，她知道儿子要看几点的电视，所以都会在那之前就把晚餐准备好。孩子也习惯了时间到了就去睡午觉，睡醒妈妈就要准备晚餐，孩子会自己看故事书或画画，晚餐煮好了孩子也会乖乖吃完。

可是前几天她的老公回到家，看到孩子在看卡通片，就把遥控器拿走转到新闻台，孩子就哭了跑去找妈妈告状。她去跟老公沟通，老公一开始就说：“不可以每天都给小孩子看卡通片！”当她解释每天只看一小时，老公可能是每天下班时间正好都看到小孩在看卡通片误会了，她老公又转口说："就算只看一小时，也是爸爸先看。"然后搬出家里要长幼有序，爸爸在家的时候就是爸爸最大等等大道理，并要求老婆要好好管教小孩，小孩怎么可以跟爸爸抢遥控器。

为了这件事情，珊妮跟老公大吵一架，她认为小孩一直都是规规矩矩地作息，她老公干吗没事来乱搅和。平常都在忙上班，也没有很关心她和小孩在家一整天的活动是什么，要她突然去跟小孩子说，因为这个家爸爸最大所以

每天看的卡通片不能看了，她不知道要怎么去跟孩子沟通。

男人有时会搬出“这个家里面，爸爸最大”的观念，可是并不是每个成员都可以接受，正是因为这个观念珊妮不能接受，所以才跟老公大吵了一架。

多一些关心吧！

这个案例就是非常典型的“防卫态度”。丈夫可能已经积压了一段时间，觉得自己在家中好像连孩子的地位都不如，所以借题发挥，想要夺回自己在家中的地位；妻子也因为自己在家中制定的规矩和活动空间被破坏了，所以产生了抗拒的心理。两个人争执和大吵的内容，一定大部分都是在这方面，而非关于如何教养小孩，以及这样对孩子的影响有哪些。

后来跟朋友分析完之后，给她的建议是，多关心丈夫，因为丈夫一定是觉得家里的规矩和制度都是妻子跟孩子之间的，好像没有他的空间，所以想要强硬地插一脚。最好是跟丈夫好好地、轻松地聊个天，向他说明不是没有考虑到爸爸是家中很重要的一员，并告诉他自己花了很多时间和心力去培养孩子的时间控制力，希望他可以考虑慢慢地一起来教育孩子的长幼观念，而不是突然地去改变孩子。

如果丈夫愿意，也可以安排丈夫下班后和孩子一起互动的时间，让丈夫明白，若是突然用很强硬的态度，改变孩子的作息和习惯，会让孩子跟爸爸之间的互动变差。相信她的丈夫应该不会想要在孩子的心中，变成一个不讲理又蛮横的爸爸。

数到五，抽离现场

其实“数到五，抽离现场”并不是只适用在沟通教育孩子的事情上，很多情绪起伏的时候都可以采用这个方法。有时候在争执时跟对方说自己需要冷静想想，也等于是让对方认为自己的意见有被采纳的可能。自己数到五的同时，也给了对方五秒的冷静机会，等双方都冷静下来，就会发现自己刚才可能一直在同样的言语和问题上打转。

而所谓的抽离现场，也意味着同样的意义。也许正因为孩子念书和成绩的事情而争执不下的两个人，告诉对方先去做点别的事情。例如，丈夫先去洗个车，老婆去把阳台晒着的衣服收一收。双方抽身那个火药味很重的地方，做做别的事情。因为时间和场景的变迁，心情也会跟着有所不同，这个时候再来讨论教养孩子的问题和方式，双方语气和感觉也都缓和了。

或许也有许多人在抽身离场之后，满脑子还是在想对方的不对，有的越想越生气，或者拼命思考该如何找出对方的破绽和漏洞，整理好一套作战方式等着跟对方来个攻防战，好让对方接受自己的想法及做法，其实这并不是一个好的现象。

毕竟这不是大人之间你来我往的战争，而是关系到怎么做才是对孩子最好的教养模式，夫妻之间的协调性和扮演的角色对整个教养模式有着很大的影响。请身为父母的人一定要牢牢地记住一个重点——站在教育孩子的立场上。夫妻之间没有谁赢谁输的问题，沟通协调得好，孩子的教养问题得以解决，那就是双赢；而若是没有找到好的教养模式，问题依然困扰着父母甚至影响了孩子，那绝对是双输。

只有找到一个良好的沟通模式，找到夫妻对于教养孩子的认同点和平衡点，才是对孩子最好的。如果只为了争个输赢，为了抢回主导权或面子，而对孩子教养造成不良影响，这绝对不是夫妻之间你怪我还是我责备你就可以弥补的。

所以，因为教养孩子而理念不同，夫妻双方产生了争执或有着各自坚持的时候，请记得在心中默数到五，然后给自己找个理由来抽离现场，找其他的事情做一做；帮助自己冷静地思考，想想对方考虑的重点，是不是自己的确有一些没有想到的、需要再多想一想的部分；也好好去体会彼此的立场和角度，是不是因为立场和角度不同所以就会有不同的想法，而这些不同的想法难道就真的是不好的？是不能被接受的吗？

为什么不一起吃晚餐？

伟汉跟汪媚是双薪家庭，结婚六年后，两人有了一个女儿。因为两人都要上班，所以跟许多的双薪家庭一样，他们每天早上将女儿送到保姆家。伟汉上班的地点离家比较远，汪媚上班的地点离家比较近，所以汪媚会在大约六点半下班后先去保姆家接女儿雅雅回家，回到家的时间大约七点多，而伟汉下班回家经过塞车路段，都要大约八点多才到家，然而每次伟汉回到家的时候，汪媚和雅雅都已经先吃过晚饭了，伟汉就一个人默默地在餐桌旁吃饭，看着汪媚和雅雅在客厅玩游戏或看卡通片。

以前雅雅还只是个婴儿的时候，伟汉觉得反正婴儿什么都不懂。但是现在雅雅已经快三岁了，不但能跑来跑去的，讲话也像小大人一样很聪明伶俐，他开始担心了，也渐渐地觉得心中有一股不舒服的感觉在扩散，于是就开始了他与汪媚之间的争执。

伟汉不高兴地说："为什么都不等我一起跟雅雅吃饭？"汪媚觉得伟汉的抱怨莫名奇妙："等你回家都几点了，哪有小孩子这么晚吃饭的?”伟汉不能认同汪媚的说法，继续坚持：“可是你听过小孩子的想法吗？也许雅雅想要跟爸爸妈妈一起吃饭，你知道雅雅的感受吗?”

汪媚不甘示弱地回答：“现在什么时代了，已经很少有一定要全家人到齐才吃饭的。而且都是我在喂雅雅吃饭，你只是在餐桌上吃，我觉得对雅雅而言根本没有差别吧!”

伟汉听到汪媚说没有差别，觉得很不高兴，满肚子的怒气都爆发了：“怎么会没有差别？我就觉得有差别！而且你可以照你自己的意思帮雅雅决定她要不要跟爸爸妈妈一起吃饭这件事情吗?"

汪媚也不高兴了:"好啊!你觉得我不能决定,那你就能决定吗?而且小孩子这么晚了会肚子饿,你要这么自私为了你自己的感觉,让你女儿饿着肚子等你回家才能吃饭吗?"

伟汉不能认同汪媚的想法:"我没有要雅雅饿肚子,你可以先给她吃一点饼干啊!我是希望孩子从小就有一个正确的家庭观念,不是这个家里三个人可以各过各的,你知道现在很多家庭都是这样,这样下去,小孩对家人会很冷漠!"

汪媚听到伟汉的建议也觉得生气:"怎么可以在吃正餐前先给小孩吃零食饼干?那是你根本不懂,这样做会让孩子不好好吃饭,我们都很爱她,我才不信因为吃饭没有一起吃,雅雅长大就会变得冷漠。"

这件事情几次沟通下来都没有结果,伟汉心中就一直非常不高兴。因为他当初结婚和生孩子前,勾勒出的梦想就是一家人一起快乐地共进晚餐,伟汉觉得汪媚和雅雅应该要等爸爸一起回家吃晚餐,可是事实却不是当初所想象的那样子。

汪媚说的也没有错,正常小孩子大约六七点多就喊饿了,根本不太可能等到八点才吃饭,所以汪媚也提出她的反对以及不满。事情演变成两个人都僵持在那里。回到家常常是伟汉一个人生闷气吃饭，汪媚也不高兴看伟汉的脸色，为这样的事情两人起过好几次冲突。

先放下自尊，才能找到问题的症结

从这个事件就可以发现，大人在争论的是谁对谁错的问题。但是如果两个人抽离现场和情绪，只单纯地去思考以下两点，就可能很容易找出要怎么做效果比较好的方法：

1. 在什么时间点吃饭对孩子的身体健康最好？

2. 是不是可以找到其他的方式让孩子感受到与爸爸妈妈相聚的温暖？

不管大人们的梦想或理想对于家的观念是什么样子，孩子的身体健康是一定要照顾到的部分。所以双方都应该先去思考，什么样的时间、地点和方式，对孩子的身体健康是最没有影响的。

接下来再思考先提出意见的一方，他意见的真正意义到底是什么？像伟汉所提出的"家人共进晚餐"，的确是现在很多家庭都缺少的一种亲子关系培养方式。缺少，不表示这种模式不应该存在，反而应该说父母应该思考，如何增加孩子和家人之间的凝聚力。当孩子到了叛逆期的时候，家人之间的关系就开始发生了某种化学作用，家人的凝聚力越强，孩子以后走歪走偏的机会就越少，所以伟汉的担心不是没有道理。因此可以思考一下，除了一家人一起共进晚餐，还能不能用别的方式来增加全家人的互动?

例如，在晚餐之后准备一份水果或点心，妈妈要跟雅雅说，等爸爸回家吃完晚餐之后，全家人再一起吃这份水果和点心。这样雅雅也不用饿肚子等爸爸，爸爸也可以跟女儿老婆一起享受天伦之乐。在雅雅的心中也会多一份期待：原来晚上爸爸回家之后还可以跟爸爸一起吃水果，在这个过程里面，伟汉担心家人之间缺少凝聚力的问题，也轻松地迎刃而解了。

夫妻在教养孩子的问题上产生争执与意见分歧时，静下心数到五，双方都抽离现场，换个角度去思考问题，也许就会得到比争执更好的结果。

建议思考角度重点放在：一、对孩子好；二、如何最大限度地达成对方的期望。方法是人想出来的，好好地沟通，就会柳暗花明咯！

耐住性子不介入

记得半年多前，遇到同事佩佩的诉苦，内容总是针对她的老公，因为她老公每次都在她管教两个儿子的时候，从旁插手，在孩子面前与她持相反的意见或做法。这让她觉得非常不开心，她也表示难以接受这种让她觉得很难做的教养孩子的模式。

这主要是两个人观念上的差异导致的结果。佩佩说她的两个儿子一个六岁一个四岁，打打闹闹已经是家常便饭。有时候大的不让小的，有时候是小的爱惹大的，但是她心中的原则是谁错在先就罚谁。

可是每次当她在跟孩子们厘清事情的状况，决定谁要认错道歉或者被处罚的时候，她老公尚智就会插手说，这种问题一定两个人都有错，要罚就一起罚，要不然就两个都不罚。

佩佩认为这样不公平，尚智却觉得这样才公平。有时候尚智甚至会当着孩子的面质问佩佩如何分辨谁该向谁道歉，或者为了证明自己的想法是对的，对佩佩的判断表现出不屑的态度。但是佩佩管教孩子的时间比较多，原本两人是沟通过，要以佩佩的管教方式为主。不过当孩子们开始吵闹，佩佩开始管教的时候，尚智又会忍不住插嘴，最后变成大人之间的争吵。

事先沟通谁是执行者

相信很多家庭的夫妻都可能有着同样的问题，孩子通常是某一方照顾得比较多，但是不表示照顾少的一方就认同照顾多的人的教养方式。最常发生的争执大多是因为照顾孩子多的那一方认为：小孩的事情都是我在做，你为什么要有那么多的意见？可是另一方却不一定是这样想的：虽然照顾的时间不多，但怎么说孩子也是我的，我也有责任要教养他们，为什么我不能有意见？

其实照顾孩子比较多的一方不要觉得有意见的对方很烦，反过来想，有意见表示有关心，比起很多人把教养孩子的事情丢给一方去处理，自己完全不过问的冷漠态度要好多了。真正的问题是在于，夫妻要沟通好，遇到孩子出现某一个状况时要如何去解决，以及确定解决这个状况的“执行者”。当执行者确定之后，另一方就要试着耐住性子，让执行者能够好好地将状况处理完毕，避免孩子的状况还没有处理完，大人之间的状况却已经变得更加混乱。

当然也会有人说，耐住性子说得容易，可是事情就在眼前，想不插手或插嘴真的很难。虽然不是很容易，但还是要往好的方向去发展，下面几点建议如果好好地去尝试，应该可以对解决问题有不小的帮助：

1. 不是教养孩子的事件执行者的一方，要控制住自己的行为。在想要插手或插嘴之前，先告诉自己，这样对孩子不好，对夫妻关系也不好，所以还是再忍忍吧。有时候只要忍过那一时半会儿，整件事情的结果就会有很大的不同。

2. 执行者开始管教孩子时，可以先请另一方离开管教的现场。当然表达的语气要温和，或者执行者将孩子带到房间或另外的空间，与孩子独处，以避开会引发另一方想插手的冲动；也可以避免孩子心中存有期待另一方插手和解救的侥幸，这样，整个过程更容易达到父母想要教养孩子的成效。

3. 非执行者的一方，能够自动离场是最好的，告诉自己眼不见为净，离开现场可以保持平心静气；而且也不要在现场“盯着”对方，想想看任谁这样被盯着都会有压力，怕自己管教到一半会被说自己这样讲不对或者那样做不好。现在的孩子都很精明，很容易就学会察言观色，若是让孩子学会夹在夫妻之间摇摆，会变成更不好处理的教养问题。

4. 忍不住想要留在现场看对方要怎么教养孩子的人，必须在平时就不断地在心中告诉自己，至少要给对方5次的机会去执行，这也是给孩子和自己机会。

让孩子作夫妻感情的黏着剂

耐住性子不插手、不介入，先看看结果是否对孩子真的有用，如果有效果，要庆幸还好自己没有插手。

如果觉得效果不佳，就等孩子不在身边的时候，夫妻两人再好好商量改善的方法与对策，或试着接受对方的意见，采用对方的方式。这样不但对孩子教养有正面的帮助，夫妻之间的感情也会因为孩子而有共同的话题从而变得更稳固。这是经过调查证实的，夫妻一起想办法把教养孩子的问题解决，是增进夫妻感情的有效方法。

只描述事件和自己的感受

夫妻两人沟通，一起商量和改善教养孩子的对策与方法，难免会产生抱怨彼此的问题。夫妻之间都抱怨对方根本无法好好沟通，说对方固执、坚持己见、不听劝告、什么都不懂、根本不用心或是一意孤行等等。

然而我们分析一下上面的这些抱怨内容，不管是固执还是不用心，这些全部都是所谓的“情绪性”字眼。几乎无法从这些字句里面去了解到问题的主因，只是攻击对方和发泄自己的不满。这样的对话不但无法找到解决问题的方法，更不可能商量出什么好的教养方式和策略。

夫妻想要好好化解教养孩子的歧见，应该做到“只描述事件”和“说出自己的感受”，而不需要将情绪性的语言加在描述的内容之中，因为那样只会激化双方的争执和不满。情绪性字眼大多夹杂了一些攻击对方的涵义，被攻击的一方当然会防御性地回击，你一言我一语地来来去去，最后就从讨论的教养问题变成互相攻击的争吵。夫妻之间吵了一个毫无意义的架，讲出口的情绪性用语又伤害彼此感情，整个过程就成了浪费时间的无效沟通。

这又是一个要被大家说成是“说得容易做得难”的沟通方式。但是如果夫妻双方都能先有心理准备，保持“我们今天是来聊聊这件事情，想想要怎么处理对孩子比较好”的心态，而不是一开始就摆出“这件事我对你的处理方式很不满意”的姿态，应该就会比较容易做到了。

很多人都不知道如何客观描述事件并加上自己的感受，以及如何避开情绪性的用语和说话模式，以下建议和案例相信可以帮助大家找到方向：

1. 尽量直接切入重点，讲出事件的主题，不加上评断或批判。

例如，应该说：“我想跟你聊聊上次孩子打翻饮料的那件事情。”（直接切入主题，让对方不会多做揣测，感觉对方真的是想听听自己的想法，就不会有不舒服的感觉。）而不是：“我对于你上次因为孩子打翻饮料就处罚他那件事，觉得应该要跟你沟通一下。”（这种讲话模式会让对方感受到，因为不满意他的处理才要沟通，那样可能对方就产生了防御的心态和语气。）

2. **用温和的而不是质问语气询问。**

例如，应该说：“你觉得孩子那样做真的是很严重的错吗？”（不给予批评，而是引导对方自己去思考和感觉。）

而不是：“你不觉得孩子其实根本没有犯多么严重的错吗？”（已经将自己不认同的感觉表达出来，会让对方感觉到被指责，而产生反驳的情绪。）

3. **简单叙述自己的想法和感受，不加上情绪性的用语攻击对方。**

例如，应该说：“我是觉得你处罚孩子的时候，我有点难过，因为才五岁的孩子是不会注意到那些的。”

而不是：“我觉得你这样处罚他太过分了，他才五岁，又不是常常这样，你自己几岁了，还不是也会打翻饮料？”（这样的说法会把对方的思考焦点转移到你对他的攻击上面，整个问题和讨论就会失效了。）

4. **清楚表达建议，语气上不是强迫对方改变。**

例如，应该说：“我希望下次可以先用责备的语气跟他说明，不听的话再处罚，这样你想会不会比较好？”

而不是：“你不会先跟他好好地说吗？如果他不听你再处罚他啊！”（在语气上强迫对方接受你决定的方式，容易造成反弹。）

其实只要抓到诀窍，夫妻之间沟通时只描述事件的问题点，而不是指责或评断对方的教养方式对错，多用引导对方去思考的模式，而不是指示对方该怎么做或不该怎么做，让对方发现你的建议其实也不错，沟通的效果会好很多哦！

聪明地分配教养责任

关于处理状况的“执行者”的分配问题，很多夫妻的执行者分配方式是整个一边倒。例如丈夫会说：“既然孩子都是你照顾得多，那我不管了，以后小孩要怎样管怎么教都是你负责。”或者老婆会说：“好啊！你那么厉害，有那么多意见和想法，那小孩以后交给你去教，不要找我，我没有你那么多想法。”

其实这样的执行者工作分配是很不恰当的。站在对孩子教养问题的立场上，这种一面倒的方式造成的最后结果很可能是：执行者未必样样都做得很好，却要担负所有的教养责任；而另一方也可能是抱着“看你有多行”的心态在冷眼旁观。再次提醒身为父母的人，遇到问题要去思考怎样做对孩子是好的，而不是拿教养孩子的问题当成大人之间争个输赢对错的工具，孩子反而成了实验品、牺牲者。

那要如何妥善且聪明地来分配教养责任呢？

就拿 Part 1 开头的例子来看，大伟和郁玲针对孩子喝饮料和婆婆带孙子的问题而产生的争吵，简单来分析就是：

1. 孩子可不可以喝可乐这些饮料？

2. 在什么时候、什么场合可以喝？

3. 喝饮料的最高限度是多少？

4. 要如何跟婆婆沟通，让婆婆也一同遵守约定？

教养工作的分配就可以落在：

1. 约定好的内容是最高指导原则，孩子跟谁在一起的时候谁就是执行者，而不是只有妈妈在的时候要被约束，跟爸爸出去的时候就可以破例。

2. 婆婆毕竟是丈夫的妈妈，这方面的沟通如果不想节外生枝，变成婆媳问题，建议由儿子委婉地向妈妈解释，说服母亲接受对孩子比较好的管教模式。同时也让长辈知道在教养孩子的方面，儿子跟媳妇是夫妻同心同调的。有时不单是孩子会找灰色地带，长辈也会因为希望能用自己认同和熟悉的方式教养孙子，而去探试灰色地带。

再以汉翔跟萱如针对女儿怡怡的管教方式来探讨，汉翔这一方觉得妈妈太严格管太多，萱如这一方却觉得爸爸太宠溺太放纵。双方在对孩子的教养问题上有尺度的不同，往往就容易产生上述所说的，争执之后，赢的一方掌握教养主导权，输的一方就完全放弃冷眼旁观。其实这样的教养工作分配非常不正确，因为对孩子本来就不该太严格，却也不能太放纵。夫妻双方应该沟通，然后找出以下的问题点去分配适当的教养执行者。

1. 什么事情一定要严格要求？哪些事情是可以让孩子轻松一点儿的？

2. 夫妻当中个性较严谨的一方，负责扮演严格要求教养部分的执行者；而个性较随性的一方，则负责担任在轻松之余叮咛孩子的执行者。

3. 两人无论是支持严格教养模式还是赞同轻松的教养模式，都要达成最后的教养目标，就是让孩子知道什么才是好的、对的。

4. 要让孩子清楚，无论是用严格的方式还是轻松的态度，父母的教养目的是一致的。

例如，汉翔觉得萱如要求怡怡要站好、坐好太严格了；其实萱如也是担心怡怡是个女孩子，如果从小随便惯了，长大了会没气质。那站在教养女儿的立场上萱如也没有错，只要汉翔也能认同萱如的担忧，萱如愿意接受汉翔的建议，再遇到怡怡动作不雅时，从个性适合度来分配教养工作的话，应该由汉翔当这个问题的状况处理执行者。

汉翔可以用轻松的模式跟怡怡互动，例如跟怡怡说：“你看电视里那个小女孩，她都穿着可爱的袜子和鞋子，坐着好乖巧，爸爸的宝贝怡怡如果像那样，一定会超级可爱的。”利用引导孩子喜欢模仿和被称赞的心态，加上汉翔原本就比较随和的个性，用引导式的教养，可能会收到比严厉指责和处罚更好的结果。

也许有些夫妻会担忧，这样是不是严格的一方就会被小孩讨厌，随和的一方就会比较受孩子欢迎。其实只要不是过度的严厉，父母适度展现出应有的威严和态度，是会赢得孩子的尊敬的，而且也能够让孩子明确地知道，什么事情可以做，什么事情不可以做。如果父母因为担心孩子会讨厌自己，态度一会儿很严厉一会儿又很温柔，孩子反而会因此无法作判断。甚至有的孩子会觉得，就随自己意思，高兴怎么做就先做了再说，反正不知道爸妈什么时候会有什么反应。

所以，正确的夫妻教养责任分配应该是夫妻双方一同承担，也许有一方陪孩子的时间比较多，但是另一方也要一同参与和讨论教养孩子的理念与方法，讨论出双方都能接受的教养模式之后，再择定适合的执行者。不是每一个状况都是由同一个执行者去处理，最好的模式就是人们常说的一搭一唱，而不是都交给其中一方去承担。当教养责任分配不平衡的时候，容易造成夫妻之间的抱怨和不满，孩子也容易产生前述“柿子挑软的吃”的不当心态。

试着接受与自己不同的教养模式

夫妻之间对小孩的教养问题产生歧见，不管用什么方式来沟通，都不能忽视一点：认清对方与自己有着不同的想法和做法，认清这一层才可能好好沟通和协调；而不是坚持与其争执，只是要求对方接受和完全承认自己的教养模式。

有很多事情都是一体两面的。在职场上我们或许都懂得理解和退让，但是当夫妻在家中面对孩子的教养问题时，往往就会抱着本位主义不放。一个坚持我是孩子的妈妈我是为孩子着想，另一个可能也坚持我是孩子的爸爸我要建立权威要让孩子知道要听我的。

双方都没有理由退让，也都有坚持自己最爱孩子的立场。所以当夫妻遇到孩子教养问题时，可能比其他任何问题都吵得凶吵得严重，这个时候除了前面说的数到五抽离现场之外，还有一个非常重要的解决方式就是“试着去接受对方与自己不同的做法”。

小蕙的成长故事

小蕙从小就乖乖地照着母亲的方法去念书。小学时，母亲规定了小蕙每一个科目的考试标准，例如语文成绩要90分，考试卷发下来成绩少一分回家要被打。到了中学，小蕙念的是当年所谓的升学班，依然是每个科目都被妈妈定好了成绩的标准。母亲还会帮小蕙买所谓的参考书，每一科除了学校的作业之外，参考书也是老师上课教到哪里，小蕙参考书里面的习题就要做到哪里，所以小蕙的成绩不差，参考书也是厚厚的，每一科每一本都写得满满的。

有一天，学校同班同学向小蕙借参考书非常惊讶地问小蕙："你的参考书怎么每一课每一页都写得满满的？我都不知道你居然那么用功。"因为小蕙在学校是爱打球的活泼学生，所以同学都不觉得小蕙是用功苦读型的学生。其实小蕙也不知道自己算不算用功，只是因为从小母亲这样教小蕙，还会检查有没有跟上学校的上课进度，如果没有写也是一样会被责罚。

当小蕙听完同学的疑问，小蕙也变得非常吃惊，反问道："是吗？你们的参考书都没有写吗？"向小蕙借书的同学很用力地摇头，小蕙跑去翻阅其他同学的参考书，就连班上功课前几名、模拟考一定是稳上重点高中的女同学的参考书也是白白的一片，小蕙还真的傻眼了。同学说："参考书不就是拿来参考的？一定要写吗？"

小蕙抱着疑虑回家跟母亲说这件事情，母亲问小蕙："那你觉得你不写参考书的话，成绩会好吗？"小蕙告诉母亲自己的同学没有写参考书一样考试成绩很好，小蕙认为她也可以，于是母亲答应让小蕙试试看，而小蕙的成绩也没有退步，从此之后小蕙就没有再写过参考书。

到了高中的时候，有一个同学跟小蕙住在同一个小区，每天都和小蕙等同一班公交车上学。每次等公交车的时候她们都会聊天，于是她们就变成比较熟的好朋友。有一天，小蕙告诉她自己在中学的时候考试考不好会被母亲责罚，朋友露出不可思议的神情告诉小蕙，她从小到大都没有被父母打过。这个事情让小蕙小小的心灵感到震撼，在小蕙心中，她以为所有的小孩都是跟自己一样的模式长大的。小蕙开始思考，这个同学并没有比自己聪明，她们考上同一所高中，但是她们的念书和成长的过程却完全不一样，那表示人生不一定要用同一种方式走到同样的目标。

教养没有对与错

小蕙的成长案例告诉父母，不同的思考模式和教养方式，未必一定有对错之别，不同的方法和做法也可能达到同样的成效。站在资质相同的起跑点上来看，写参考书的孩子功课不一定比不写参考书的孩子好；不写参考书的孩子功课不一定就不好，父母真正要探讨的意义应该放在是不是有些事情没有绝对性的必要。

如果事情严重程度影响到了孩子的正确价值观，例如偷东西就一定要处罚，说谎不诚实就一定要责备要让孩子知道严重性。每个人的家庭背景和成长模式都不同，也许对方的想法和方式有他的好处和优点。试着去接受对方的理念和方法，或者两人一起将自己的想法和疑虑完整表达之后，融合彼此教养理念和方法的优点，去除双方对对方教养方式的疑虑及缺点，配合上共同一致的做法，才会对孩子有更好的教养成效。

离异夫妻也可以教养同调

许多离异夫妻都会因为已经分开而缺乏沟通，对待孩子的方式各自不同，让孩子夹在中间自行适应。离异夫妻若不是变成仇人完全不联络，为了孩子的教养问题，还是应该要适当地沟通，尤其在于处罚和奖赏这两项，若夫妻两人能够采取共同的模式，对孩子才是最好的。

实际案例1：爱的小手

美琪跟孩子的父亲没离婚之前，孩子晚上哭闹不睡觉，美琪都尽量先给孩子耐心讲解，讲解不听才会骂孩子；可是孩子的父亲比较没有耐性，有时候美琪骂小孩，父亲就已经气到冲进房间把小孩子抓去罚站。曾经有两次美琪家里的“爱的小手”被前夫打断掉，美琪当时是只要他开口或插手了，就先不说话，避免造成父母在孩子面前争吵的情况。而每次他处罚完孩子，又会自己跑来跟美琪道歉，说他不是故意要发这么大的脾气，但是小孩不乖就要处罚。他看美琪花很多时间跟孩子讲道理，他自己都受不了发火了。

美琪的处理方式就是跟他沟通，小孩子当时的年纪才一两岁，大人讲的话在大人看来是很容易理解的，但是对孩子就是要每次讲每天讲，讲多了讲久了孩子才会了解。你怒气冲冲地打了他一顿，孩子的确是立刻照你的话去做了，但是孩子吓到都尿裤子，这是强压性的教育方式，因为你没有让他明白“为什么”，只有要求他“照着爸爸的话去做”，所以他也不会去思考，在他不能反抗你的时候，他只好去做这些在他心中不想做的事情。当孩子长大后，渐渐有了反抗意识，你再跟他说道理，已经没用了，因为他心中的父亲就是一个不讲道理的人。

与美琪沟通几次之后，孩子的父亲就答应美琪不再动手打孩子了，但是讲到“奖励”这件事情，又是一个头痛的过程。

美琪跟孩子的父亲离婚后，孩子是交由美琪来照顾，孩子的父亲每个星期会抽出一天或两天的时间来看孩子，美琪平常都不买玩具或零食给孩子的，当孩子有值得奖励的表现，或是美琪要鼓励孩子做得更好的时候，才会答应买玩具或零食给孩子。

或许出于补偿心态，孩子的父亲在初期每次来看孩子的时候，都会带礼物给孩子。有时候是他带孩子去便利超商买东西，回来的时候就看到孩子的手上有玩具或零食。刚开始美琪想他难得看孩子，便不好意思阻止，只有提醒他不要让孩子养成坏习惯，不要把父亲当成圣诞老公公，又不是天天在过圣诞节。

但是状况并没有改善，有几次美琪发现孩子观念偏差的状况越来越严重。例如，美琪跟孩子说好陪妈妈去便利商店买饮料，走到便利商店门口，两个小孩就站在扭蛋机前面不肯走了。美琪依照过去的教育方式，跟他们说妈妈没有答应要买扭蛋，他们就开始哭闹。以前美琪只要好好地讲他们就会听话，但是几次下来都让美琪发觉孩子的观念在动摇。

孩子会说："为什么要表现好才会有玩具？爸爸都没有这样的规定。"还会说："妈妈好讨厌，都不买玩具给我，爸爸都会买给我。"有好几次孩子还说出："妈妈不买就算了，反正明天爸爸来看我，我叫爸爸买。"

刚开始美琪也很沮丧，辛辛苦苦建立的教育方式和规矩，竟然这么容易就被几个玩具给毁了。但是不断地思考孩子的话，美琪找到了问题的症结点，那个症结点就是"妈妈不买，爸爸会买"。美琪恍然大悟，即使夫妻离异，但对孩子而言父母就是父母，所以在教养孩子的这个方面，美琪必须跟孩子的父亲好好地沟通和讨论。

于是，美琪把孩子的状况告诉孩子的父亲，孩子的父亲说他并不知道美琪对孩子的规定，所以他不知道这样会造成美琪很大的困扰。于是双方约定好，孩子只有在生日或是特别的日子可以买礼物，平常出门没有特别的优良表现都不可以买玩具和零食。美琪再三叮咛孩子父亲，为了孩子着想，不要让孩子在父母之间钻漏洞，不然孩子长大了会很难管教，美琪跟他之间一定要保持这方面的沟通管道畅通。

这一招果然奏效了。大儿子有一次跟爸爸出门，吵着要买东西，爸爸跟孩子说："妈妈说过不可以买这些东西。"大儿子当时五岁了，自以为聪明地跟爸爸说："没有，妈妈答应我可以叫爸爸给我买的，因为我在幼儿园很乖。"孩子的父亲立刻打手机给美琪，问美琪有没有答应孩子可以叫爸爸买东西，美琪回答他："当然没有，出门前我还叮咛他不可以叫爸爸买东西。"孩子的父亲就在电话那一头说："那就是他说谎啰！说谎要怎么处罚？"美琪立刻听到大儿子在旁边大哭，因为他知道他的谎言被拆穿了，美琪跟他说："没关系，你只要很严肃地告诉他，不要为了想要爸爸买东西就说谎，爸爸会问妈妈，不会被你骗的。"

经过那一次之后，孩子就真的不敢再叫爸爸买玩具，也知道要照着规矩来，还好之前有过沟通，当着孩子面打电话向美琪确认，让孩子知道这样是不行的，不然孩子可能就真的找到漏洞，游走在两个人之间。

案例解析

有些离异的夫妻，常常听到孩子的传话，但是这些传话不一定是事实。从美琪说的那次事件来看，孩子若是先骗爸爸买了玩具，可能回家之后怕美琪生气，又骗美琪说："我跟爸爸说妈妈说不能买，但是爸爸说没关系。"由于沟通不畅，孩子开始常常在两边说谎来满足自己的欲望，最后造成父母双方先是在心中积压一堆不满，然后变成向孩子"争宠"，在孩子面前贬低对方。例如妈妈买了玩具给孩子，爸爸就说："那种东西是便宜货，我买更贵更好的给你。"或是妈妈在孩子面前把爸爸买的玩具丢掉，还跟孩子说爸爸买的东西都不好，这是非常糟糕的状况。当孩子行为观念都偏差之后，父母可能又互相指责是对方把孩子宠坏的。

所以，建议即使是离异的夫妻，也要为了孩子的教养以及成长着想，保持沟通管道的畅通，不要利用孩子来拉抬自己在孩子心中的地位，也不要在孩子面前贬抑对方，毕竟双方都是孩子的至亲，要一起为孩子负责。

重点整理：当夫妻教养不同调

1. 教养不是谁的责任，是夫妻两人必修的课题！破除防卫的态度，多关心另一半，让对方知道自己受到重视、得到尊重！

2. 针对事件，只描述事件和自己的感受，千万别意气用事而口是心非。必要时，让自己抽离现场，冷静下来仔细思考：对孩子最好的方式是什么。

3. 聪明地分配教养责任，两人无论是支持严格的教养方式还是赞同轻松的教养模式，都要达成最后的教养目标，就是让孩子知道什么才是好的、对的。

4. 教养没有所谓的对与错，试着接受与自己不同的教养模式。只要价值观正确、目标一致，方法千百种又何妨呢？

Part 3

公婆VS夫妻——教养不同调，怎么办？

隔代教养前的“停、看、听”

现今社会有这么多照顾孩子的选择，如托婴中心或保姆，但还是有不少父母仍选择把小孩交由长辈照顾，原因主要有以下四项：

1. 祖父母乐于跟孙子、孙女相处，会主动表达照顾孙子孙女的意愿。

2. 出于经济因素的考虑，可省下保姆费用。

3. 期望孩子获得安全的照顾，父母担忧将孩子交给陌生的保姆照顾可能不安全；也顾虑健康的风险，例如担心和其他小朋友在一起会有群聚感染的危险。

4. 考虑照顾的方便性与稳定性，例如即使是假日加班，也可以把孩子临时托付给祖父母照顾。

随着现今社会的转变，双薪家庭夫妻同时都投注心力在工作上，单亲的家庭也急速增加，孩子常常一出生就由爷爷奶奶或外公外婆来照顾。这就容易出现发生在隔代教养上的教养分歧问题，这个问题比夫妻不同调更棘手，因为爷爷奶奶或外公外婆都是父母的长辈，处理不好很容易让长辈不满，破坏大家庭的和乐。

本章除了介绍解决问题的通则、观念，也会罗列出最常见的不同调情境，并提供给读者多元、多向性的处理方法。

许多夫妻在考虑是否要生孩子的时候，身为长辈的爷爷奶奶或是外公外婆常常会在一旁鼓励或催促，希望儿媳能赶快让自己抱孙子，因此也常会开出一些条件。例如，时下双薪家庭很多，最常听到长辈会说：“你们只要负责生，不用担心孩子或工作，你们去过你们的生活、上你们

的班，孩子我们会带。”亦或是“想这么多干吗？趁我们还有力气帮忙带孩子的时候赶快生一个。”为了怕年轻人顾虑金钱和孩子的教养问题而不想生孩子，许多长辈都是忙不迭地跳出来要帮忙，可是真的是交给长辈带就可以解决所有问题吗？

只要负责生？孩子交给祖父母去带？这一定是许多人心中都有的疑问。

当然，如果祖父母有意愿来帮忙带小孩是一件很好的事情，因为是自己的孙子，不用担心被虐待或是吃不好穿不暖，但是在实际的执行面上要考虑的问题还有很多。比如，长辈们的健康状况和年纪。

实际案例1： 公公中风了

美华在长辈帮忙带孩子的过程中发生了许多令她非常伤脑筋的问题。

由于美华和老公都是离乡背井到北京工作的上班族，结婚七年多的夫妻都一直对享受着两人世界感到满意。直到两人年龄已到三十五岁左右，他们才开始意识到如果现在不生孩子，美华可能就要变成高龄产妇了，于是美华和老公就商量和安排生宝宝的事情。最后，如她所愿，在三十七岁的时候生了一个儿子。

问题却从美华生完孩子开始了，原本独立生活习惯了的夫妻俩，压根没有想过要麻烦双方的长辈来带孩子。原本打算生完孩子之后请保姆来家中带小孩，美华的老公宗葆也赞成。可是在孩子出生之后事情就开始变化了。美华坐月子的期间，宗葆的父母从老家来看孙子，同时公婆也关心之后孩子谁来负责照顾。听到美华夫妇的安排之后，公公婆婆开始反对请保姆，不断地劝说孙子给他们带是最好的；婆婆说现在的保姆都很可怕，会虐待小孩，会在父母面前演戏等等，讲得美华提心吊胆的。然后婆婆又跟宗葆说亲奶奶一定疼孙子，煮给孩子吃的一定又营养又卫生，什么省钱又安心等等之类的话语，终于让美华和宗葆同意让爷爷奶奶把孙子带回老家照顾。

一开始的时候还不错，美华和宗葆都恢复了自己的作息，也很满意在有孩子之后还能拥有二人世界。但是大约半年左右，公公因一次小中风住院一星期就累坏了大家。婆婆必须要去医院照顾公公，但美华的孩子还小，总是不好让婆婆带着去医院，美华和宗葆只好轮流跟公司请假。有时候是跑老家接应照顾小孩，有时候是要去医院跟婆婆交班照顾公公，一个星期的时间里全家人都累得人仰马翻，全部行程和作息大乱。

公公出院之后体力和精神都已大不如前，几乎每天都在家里休息，过去可以陪孙子走走晃晃的事情也都作罢了，带孙子的工作就变成婆婆自己来。然而婆婆也因为年纪大了，原本膝盖关节就有痛风的毛病，天气一变化就痛得不能走。

平常没事的时候，公公婆婆要顾好自己，再加上带孩子已非常吃力，但是小朋友偶尔会有些感冒发烧或腹泻等状况，公公婆婆两个人的身体状况都不好，两个老人家根本没有办法带孩子跑医院。后来情况渐渐演变成老人家来一通电话，美华或宗葆就要赶快跟对方协商，这一次是谁比较方便谁跟公司请假，请假之后从北京开车到老家去载人，带老人去医院拿药。

虽然不是每天都会有这些状况，但每次状况都是非常紧张，美华跟宗葆两人因这种事跑了几次老家之后，心中都有很大的忧虑：

1. 公公婆婆的身体状况越来越差，如果半夜孩子发烧或出了什么状况，要怎么办？

2. 若是换成公公再度中风又该怎么办？

3. 这些状况出现得总是很临时又很紧急，这样跟公司请假的次数多了，主管和同事之间也会不满。

虽然讨论过让公公婆婆搬来北京住，可是公公婆婆都说不习惯。美华提过一次是否让孩子回北京，请保姆来带，结果惹得婆婆不开心，说美华嫌弃他们老了没用了，公公也说孙子带了一年舍不得也不同意。

美华想到这段过程就叹气说，当初他们生孩子的时候自己也都快四十岁了，其实两个老人家都六七十岁了，那时候没有考虑到父母年纪会越来越大，病痛也会越来越多的问题。现在想一想，等孩子十岁的时候，公公婆婆都快八十岁了，依照公公婆婆现在的状况和体力，到时候怎么可能还带得动孩子。

在孩子快两岁的时候，美华请了个保姆在公公婆婆家帮忙。婆婆虽然说不习惯家里有个外人，并且坚持自己要照顾孙子，但是至少有保姆陪公公坐车去医院看病和拿药；当婆婆膝盖痛风发作时，保姆也可以帮忙做点儿家务事可以让婆婆休息。总算是让美华和宗葆放心了不少，也算解决了公公婆婆坚持带孩子的问题。

案例解析

从这个实际的案例，我们会发现一个很大的问题。美华在考虑让公公婆婆或者外公外婆来照顾小孩的时候，必须去注意和了解要照顾孩子的长辈们身体状况如何。年纪是一定要考虑进去的因素，因为孩子会长大，活动力也会变强，再怎么好带或健康的孩子，都会有哭闹、生病、顽皮等等状况发生，但是父母的年纪的确是越来越大，身体机能逐渐下降，病痛会变多，精神和体力也相对会变差。

如何考虑适不适合让长辈来帮忙带小孩呢？其实可以先设定以五年的时间为一个基准：这五年期间父母的年龄到多少岁，在正常的情况下父母的身体状况是否有可能维持健康。因为俗话说“三岁的孩子狗都嫌”，哭闹不讲理、闯祸搞破坏，大约都是发生在五岁之前的学龄前儿童时期。若是长辈没有足够的体力和精神，带孩子这个工作可能会让长辈因太劳累而倒下。

之后，要多了解一下父母的病史，是否有高血压、糖尿病、心脏病、关节炎或痛风等等长期性的疾病，或者有需要用药才能控制的慢性病。如果有这类型的疾病，老人平常都已经很需要儿女的关心和照顾了，当然也不方便再多照顾一个“小磨人精”。

除了健康状况之外，了解祖父母的教养观念与互动模式也是非常重要的一环。很多人用自己儿时的记忆，来判断自己的父母，也就是孩子的祖父母们对自己孩子的教养观念，其实那可能是会有很大差距的。毕竟当自己是孩子的时代，父母当年也是二三十岁的年轻人，经过这么多年的时间，时代背景和环境的变迁，再加上父母的年纪也大了，很多想法做法以及观念都已经改变了。

实际案例2：从前的原则去哪了？

小贞当初就非常肯定地要把孩子交给自己的父母来带，因为在她童年时的记忆中，妈妈是个非常有耐性的人。小时候放学回到家里，吃完热腾腾的晚餐之后，妈妈都会握着她的手，教她写字、画画、做功课；爸爸也是一个很有想法和原则的人，重视做人做事的观念培养，对于她和哥哥的教育是严而不厉，会告诉他们道理，让她和哥哥都很明是非、守规矩。所以小贞认为把孩子交给外公外婆带是最好最放心的选择。

在孩子还小的时候，一切似乎都跟小贞所预期的一样，孩子养得健康又可爱。可是当孩子四岁开始上幼儿园之后，小贞开始发觉状况变了，跟她想的越来越不一样了。孩子变成了电视儿童，每天放学回到家就吃零食、看卡通片，可能是因为外婆觉得才上幼儿园所以没关系，也常常没有盯着孩子写作业。后来，学校老师打电话和小贞沟通，告诉小贞她的孩子是班上少数几个回家没有做作业的小朋友，希望小贞多关心一下状况。

小贞当然觉得这样是不行的，一方面担心孩子上幼儿园的学习已经与别的孩子差一截了，若上了小学会更跟不上进度；另一方面怕孩子从小就养成不写作业的习惯。然而外婆对幼儿园交代要孩子带回家的作业，常常觉得麻烦而抱怨连连，总是叨念着说以前的小孩念书哪有这么麻烦，又是劳作又是拼图的，有时候还要念故事教小朋友描述心得，上幼儿园就是去玩的。还会说小贞小时候还不是这样玩一玩就长大了。

外婆对孩子的课业漫不经心，大出小贞的意料之外；而外公那边的状况，也与小贞原本的想法大相径庭。原来小贞心中认为明理又有威严的外公，可能是因为疼孙子，常常都护着孩子让孩子破坏家中定下的规矩。孩子也常常不把外公当一回事，有时候孩子对外公讲话大声没礼貌。小贞制止孩子不当言行时，竟还被自己的爸爸当场训一顿，说小贞大惊小怪，童言无忌这点道理都不懂……搞得小贞左右为难不知道要怎么教育孩子。

外公和外婆的这些问题一直都无法解决，最后是小贞跟老公商量好，以学校质量为理由，在孩子上小学的时候，坚持要让孩子上距离外公外婆家比较远的私立小学，并且由小贞自己开车接送孩子。孩子一开始还不习惯，常常回家不写作业就要看卡通片，对小贞讲话也会不时地大喊，或不听小贞的制止，小贞花了很多时间和心血才使孩子的坏习惯和言行慢慢地矫正过来。

案例解析

这个例子并不是告诉大家，孩子给祖父母带有多么不好，而是要提醒父母，当你考虑将孩子交给祖父母来带的时候，必须先做好事前的沟通和了解。有些祖父母自己不觉得自己有什么问题，也会认为自己以前都是这样把小孩拉扯长大的。但是，其实不只是祖父母的观念和行为会改变，社会和时代也都在变。现在孩子接触的信息，远比以前的年代要快很多、新很多，就算祖父母的观念及行为模式没有变，环境也已经改变很多了。例如，以前，傍晚放学了，孩子们就统统都回家吃饭写作业，晚上几乎没有什么地方可以让孩子去外面玩；班上同学里面有几个“钥匙儿童”就很不得了了，老师都会殷殷关切；家里的电视机也顶多只有寥寥几个电视频道，每到七点就是晚间新闻时间；在那个年代，时间一到就是爸爸看新闻，妈妈带孩子们写功课，根本没有其他的事情可以做。

但是现在的环境跟过去相差了十万八千里，到处都有商店卖吃的喝的玩的，常常看到小学生在超市前面聚集，玩手机或者玩电子游戏；甚至有很多小孩玩掌上游戏机，相约在路边或公园互相交流游戏心得。大家看时间才四五点，父母都还没有下班，一个班级里面有超过一半以上的同学是自备家里的钥匙，回到家里把电视机打开，二十四小时播放儿童节目的频道有三到四个，甚至一个家里有两到三台的电视机，就是为了可以让全家人各自选择想看的节目内容。

如果要把孩子交给祖父母带，就要先沟通好许多观念，建立好对孩子口径一致的规矩。什么卡通片可以给孩子看，一天不能看超过多久的电视节目，几点一定要让孩子去写作业，几点以前一定要让孩子上床睡觉。有时候就是因为是长辈所以自己很放心，但相对的有些时候也就是因为是长辈所以很难沟通。这些问题都是现在很多父母在把孩子交给祖父母带之前需要好好思考的。

重点整理：隔代教养前的停看听

1. 先了解长辈的身体健康状况，以及预估五年左右后长辈年纪健康等状况。

2. 有时候长辈会坚持自己很健康，如果有所顾虑，最好还是找寻其他备案方法。例如孩子给长辈照顾的同时，找保姆协助长辈照顾孩子或帮助长辈减轻负担。

3. 与长辈事先沟通孩子的教养理念，如果发现长辈不易沟通，则须慎重考虑。

4. 协助长辈了解目前的各项幼教措施以及环境的变迁，让长辈乐于接受与过去不同的幼儿教育方式。

长辈也需要关怀和沟通

身为父母不只是要去思考把孩子交给祖父母是否恰当，祖父母也就是自己的父母亲，我们除了关心孩子的教养问题，也要去关心自己的父母对孙子的教养想法，以及与自己的沟通模式是否顺畅。

要把孩子交给父母带的夫妻到底要注意些什么才知道合不合适？最重要的一点就是在于“平常你自己跟父母的沟通模式”。有很多人平常根本不跟自己的父母沟通，讲不到两三句话就开始吵起来了；也有的朋友跟父母沟通的模式很奇怪，你说你的我做我的，反正自己已经长大成家了，很多事情也不是那么在意父母的感受了。可是当孩子出生，又回头想到了自己的父母，祖父母帮忙带孙子可能是很乐意的，但是接下来必须面对的是，与自己父母的沟通要怎么做。要学习回头倾听父母的想法和意见，毕竟他们在帮你照顾你的宝贝孩子，你总不能像以前一样不闻不问，或者当没听见没看到吧？

许多长辈常常在孙子出生的时候，只要看到小婴儿就开心得不得了，不管三七二十一就跳出来要帮忙带小孩。教养的观念和沟通，往往都被喜悦的感觉淹没和忽略了。但是带小孩并不是只要负责喝奶换尿布，毕竟是自己儿女的孩子，整个事情环环相扣关系到整个家庭的沟通和协调。

王奶奶三年前兴高采烈地带着小孙子到处献宝，大家都在恭喜她的独生子终于结婚生子了，但是后来却常常听到他们家中传来为孩子争执的声音。王奶奶有好几次都跟邻居抱怨，原本以为帮儿子带孙子，儿子会比较常回来看看老人家，而且会对父母的付出心存感激。可是没想到，儿子媳妇把他们二老当成保姆一样，总是一通电话就要他们做这个做那个的，讲的都是小孩的事情，对于他们两个老人家都没有问候和关心。

讲到媳妇，王奶奶更是生气，说媳妇平常都忙上班没有照顾小孩，周末才来把孩子带回去过两天。每次周末都接到媳妇的抱怨电话，说孩子怎么没规矩，吃饭都跑来跑去不乖，睡觉也不乖，意思好像是孩子是她这个奶奶给宠坏了，都是她这个奶奶没教好。但是王奶奶不服气地说，明明在她这边都很乖，她媳妇说的那些状况平常都是没发生过的，是媳妇自己平常没有照顾孩子，所以孩子不听她的，再不然就是她不清楚孩子的习性所以弄不好。

上次发生争执也是因为王奶奶的孙子在奶奶家玩，媳妇看到玩具丢了一地，就大声地斥责孩子，要孩子去收玩具。但是三岁的孩子却对妈妈说："奶奶说玩具睡觉前收好就好，我现在还没有要睡觉。"媳妇听了很生气，认为孩子的意思是只要听奶奶的话就好，妈妈的话可以不用听了，就当场责骂孩子："坏小孩，奶奶说的话就听，妈妈说的话就不听！"并要求孩子立刻收拾好地上的玩具，不然就要被处罚。孩子被妈妈骂哭了，但是他觉得他是照着平常规矩做事情，所以坚持不肯立刻收玩具，孩子哭着说："我没有坏坏，我都照规定在睡觉前把玩具收好了，奶奶都说我很乖。"

奶奶在一旁听到媳妇和孩子的对话，心里也不好受，因为孩子说的的确是她平常教导的，而且媳妇平常也没管教孩子，突然说要孩子照她的意思做，孩子当然就不听从了。眼看媳妇就要动手处罚孩子了，奶奶想劝媳妇不要动怒，结果却变成媳妇责备奶奶宠孙子，才会让孩子这样不把妈妈放在眼里。

儿子晚上来家里接老婆和孩子的时候，听到老婆说孩子不听妈妈的话，只听奶奶的，儿子也不高兴，说母亲应该要照他们做父母的意思来教小孩，要母亲改变自己教养孙子的方式。王奶奶越听越气，就狠狠地把儿子给教训了

一顿，王奶奶说儿子跟媳妇就没有告诉过她他们想怎么教养孩子，都是让王奶奶照着自己的想法在教，孙子也好好的没有什么大问题，现在又莫名其妙地说要按照他们的想法去教孩子，问题是他们的想法是什么，从来没有跟王奶奶讨论过这些想法是否可行，现在却随便两句话就把她的努力都否定了，王奶奶感觉自己非常不受尊重。

在这个王奶奶的例子里，或许大多数的人都在研究到底是该听爸爸妈妈的还是爷爷奶奶的？但是其实听谁的并不是这整个事件的重点，因为实际上与孩子接触最多的人是爷爷奶奶，那么孩子就会自然地接收到爷爷奶奶所传达的讯息，重点应该摆在一开始要将孩子交给长辈来带的时候，就要做好以下的沟通：

1. 父母对孩子的基本原则和要求是什么？希望长辈协助一起达成。

2. 遇到孩子的事情，父母希望长辈的处理模式，例如，如何处罚和管教孩子。

3. 选定一个平时就适合父母和长辈双方的沟通时间和方式。

接下来的重点是父母与长辈之间的互动。王奶奶在意的事情，正是很多长辈在帮忙带小孩的时候所在意的。应多关心长辈，与长辈之间维持良好的互动。很多夫妻平常都没有与自己的父母聊天和互动，遇到孩子的事情才会打电话或者对自己的父母发出质疑的讯息，这就很容易让长辈不开心，若是可以和长辈维持良好的互动，教养小孩的方法也就很容易达成共识。

重点整理：长辈帮忙带小孩时，该注意和关心什么？

1. 平常到长辈家接送孩子时，多待个半小时到一小时，可以跟长辈聊聊近况，而不是接了孩子就走，让长辈有不被尊重的感觉。

2. 除了孩子有状况需要联络之外，最好每天可以打电话问候长辈，并感谢长辈的辛劳。毕竟带孩子不是一件轻松的事情，有时候一通电话问候，就可以消除长辈一天的疲惫感。

3. 遇到需要沟通的状况，不要对长辈用“交代”的语气，而是要用“商量”的语气，因为长辈不是保姆也不是佣人，即使帮忙带小孩，他们还是长辈。

4. 希望长辈的教养方式与自己同步，不是强势或强制要求，也要听听长辈的想法和意见。因为孩子生活中的琐事遇到最多的是实际带孩子的人，所以到底能不能做到，也要看看长辈的想法和状况。

5. 若是遇到长辈的教养模式与自己不同，不要在孩子面前立刻反应，也不要用质疑和责备的语气询问，长辈的身份会让他们无法接受，更会伤到长辈的心。

沟通重于争执，教养同调才是重点

有长辈愿意帮忙带孩子是件好事，因为怎么说都是自己的家人，不用担心蓄意的虐待或是对孩子不好。但是要能理解长辈的心态，与长辈建立良好的沟通模式，才能够让孩子除了受到疼爱之外，又能获得更好的教养内容。

帮忙带孩子的长辈最不能理解的就是，当年把自己的孩子带大的，为什么现在帮忙带孙子，反而是自己的孩子对自己的意见一大堆，若是再加上沟通不良，更容易会产生许多不必要的摩擦和争执。本来大家都想为孩子好，却衍生出一大堆因为沟通不良或情绪化而产生的问题与误会，这样反而更不好。

以王奶奶的媳妇作例子，当她把孩子带回家发现孩子不守规矩的时候，打电话质问自己的婆婆是不恰当的。若是电话中媳妇是关心的语气，先问问王奶奶累不累，再聊聊孩子在奶奶家的时候吃饭乖不乖，睡觉乖不乖，如果奶奶都说很乖，就用请教的语气要王奶奶告诉自己，怎么让孩子乖乖地吃饭和睡觉的，看看下面两种说法的差别：

抱怨的语气：“妈！到底你是怎么教小孩的，为什么他连吃饭都这么没规矩，跑来跑去的？平常你都这样让他跑来跑去地吃饭吗？”

请教的语气：“妈，孩子欺负我，都不乖乖吃饭，一直跑来跑去的，他在你那边吃饭都不会这样吗？你怎么那么厉害，那你教我你的方法我试试看！”

而王奶奶的儿子作为中间人要负责协调，而不是当法官来判定谁对谁错。媳妇认为孩子玩具丢一地，应该收拾，奶奶觉得反正玩具都是要拿来玩的，早收晚收都一样，只要规定孩子睡觉前都收拾好就好。这样因为一点点的观念不同而产生的磨擦是非常多的，双方可能都想要找人支持自己的理念，而在中间协调的人就要发挥协调功能。

以王奶奶的儿子为例子，建议将处理方式重点摆在协调双方，落脚点在孩子的教养上，要孩子懂得自己收拾玩具。

对老婆：“老婆，妈平常不可能一直盯着，要孩子拿一个玩具就收一个玩具，对老人家而言太累了，你要体谅，不要这么坚持，毕竟妈不是没有教孩子睡觉前把玩具收好也很好啊。”

对母亲：“妈，其实我们是担心孩子的玩具丢得一地都是，踩到了脚会痛会滑倒，所以希望他把现在不玩的玩具先收起来，不然，家里到处都是玩具，很杂乱。如果您觉得可以的话就帮忙叮咛一下孩子。”

大人主要是达到教养孩子的共识，而不是争论听谁的；双方更没有必要坚持一定要用谁的方法。在一个好的协调和沟通过程中，母亲很可能在平常带孩子时，就叮咛孩子不要拿太多玩具出来，或者玩具不玩的就先收起来，这样绝对比与长辈争执或是要求长辈配合来得有效果。

很多事情只要将心比心，把长辈照顾好，关心他们，体谅他们，不要把他们当成保姆、佣人，让长辈开心了，很多时候反而长辈会更愿意多付出一些时间和心血。对教养孩子的方式，长辈也会变得比较容易接受和沟通，所以要请长辈帮忙带孩子的时候，记得要先把长辈的心理照顾好。

实际案例1：隔代教养不同调的沟通

语君平常上班，上班时间都是请语君的父母协助照顾两个儿子。

语君的大儿子满一岁之后，是请保姆协助周一到周五到家里带小孩，但是语君周末假日常常要跑到外地去办活动，所以周末则是请母亲帮忙照顾。后来第二个儿子也出生了，更是常常需要父母协助。就在大儿子四岁半小儿子两岁时，保姆家中有事情需要请长假回老家。语君的父母就跟语君商量，让大儿子到母亲家附近的公立小学幼儿园，这样大儿子在念幼儿园的期间母亲可以帮忙照顾小儿子，从此完全由语君的父母来照顾两个孩子。

语君觉得把孩子交给自己的父母照顾会非常放心，至少在孩子的身体健康、衣食学业等方面，语君都不用担心。可是有一个非常大的问题却是很难克服的，就是隔代教养观念不同的问题。

语君的母亲在一开始就告诉语君，孩子要吃什么要穿什么，母亲都没有意见，只要语君这个做妈妈的跟她讲，她就会照语君的意思去做。但是语君的父亲因为是军人出身，他对小时候的语君教育就是打骂教育，而且因为他常常出差，所以很少干涉母亲教育孩子们的事情。语君的成长过程几乎都是跟母亲沟通为主，学业上也是母亲监督的比较多，父亲大部分都是在所谓的“上下观念”上对孩子比较严厉，可能是军人出身的关系吧，习惯用骂和命令的方式。如果语君不听从父亲的意见，或是说话不是父亲能接受的方式，就会受到责罚。

然而现在时光不同了，此时语君的父亲已经退休，所以他在家中的时间非常多，于是他就开始对语君跟母亲教育孩子的方式有许多意见。意见不被接受的时候，父亲的军人脾气就会发作，而父亲可能对孙子辈的也比较疼爱，所以责备常常就落在做儿女的身上。可是语君都已经长大也当了妈，在家中就会出现，语君在管教孩子的时候，父亲会不满意语君的管教方式，当场教训起语君来了。在幼小的孩子面前，到底是要用哪一套教养模式来教育孩子，变成了最严重的问题。

有一次，语君到母亲家接孩子，顺便就留在母亲家和母亲聊聊天。大儿子那时候很不乖，语君说了大儿子两次，大儿子都没有理会，继续做不被允许的动作。因为语君跟孩子说过："妈妈会好好讲两遍，如果你不听，第三遍就会是处罚了。"所以当语君跟孩子说要处罚他的时候，大儿子放声大哭，语君就很严厉地跟他说："妈妈跟你说话，叫你不要做的事情，你都没有听，你说你这样不乖难道不需要被处罚吗？"

依照平常的处理方式，语君会让孩子自己知道为什么要被处罚，这样孩子才会知道下次自己要怎么做，如果都不告知孩子就直接处罚，孩子是在搞不清楚的状况下接受处罚的，处罚就只是一种宣示权威的表现。

没想到当语君在跟孩子沟通的时候，语君的父亲突然在旁边很不高兴的样子。父亲说："他只是个小孩子，他又没做什么坏事，你说你是他妈妈，你讲话他不听就要处罚，那我是你爸爸，我讲话你就都听了吗？"

当父亲说出这样的话的时候，语君的母亲和语君都愣住了，因为状况变成了语君的父亲在责备语君，到底现在要怎么继续教育下去?

孩子马上把目光转移到外公的身上，原本已经不哭闹的孩子，却变本加厉地大哭，似乎觉得外公可以帮助他逃过这一次的处罚。

母亲出言试图制止父亲的言论，但是却让父亲更加不满，连母亲都一并被父亲骂，因为父亲观念比较传统。他认为在这个家中，年长的男性是最大的，平常家里的事他可以依照自己的心情决定管或不管，但是当他开口的时候就是全家人都要听他的。

可是语君跟母亲都知道，父亲平常都没有参与孩子的教养，也没有讨论的空间，今天突然直接介入干涉一直以来对孩子教养的方式，会造成其他人辛苦建立的观念和规则被破坏。而且在孩子心中，语君跟母亲是教养者，当她们在教育和纠正孩子的时候，外公当着孩子的面斥责孩子的母亲和外婆是非常不恰当的行为。

语君当时觉得事情绝对不能这样发展，就想出了一个办法，把孩子抱进房间，并且请母亲帮忙协助拦阻父亲，不要让父亲前来干扰。

当语君把孩子抱起要走进房间的时候，孩子大哭大闹似乎还指望着外公的解围，语君三步并两步地进入房间并将房门反锁，父亲在门外本想跟进来却被母亲拦住，语君将孩子放坐在床上，蹲在孩子的面前跟孩子说："现在只有你跟妈妈，妈妈要好好地跟你沟通，你也不用再大哭大闹，因为外公外婆都不能进来救你了。"

没想到此举果然奏效，孩子立刻止住了哭闹，乖乖地听语君说话，就像之前对他的教养模式一样，他认真听完语君告诉他犯错的地方，并且承认自己的错误，也愿意接受妈妈的处罚。其实当时语君也没有要对孩子做什么处罚，只是要让孩子知道，错的就是错的，不是大哭大闹就可以把错的变成对的。

像这样教养观念以及方法不同的状况其实常常发生，

有时候是语君的母亲在教育孩子的时候，父亲持有不同的看法或做法，造成父亲跟母亲之间的摩擦；也有时候是做女儿的，会莫名地被父亲责骂；严重的时候，父亲会将大人的争执和不满情绪怪罪到两个幼小的孩子身上。

这方面因为父亲是长辈，有时候无法沟通和讲道理，只好等私下和两个孩子相处的时候，跟孩子解释以及说明状况；跟母亲之间也是常常保持沟通，也只能利用这样的方式来让孩子不受影响。

孩子渐渐大了也开始知道错的就是错的，有时候孩子会跟语君说：“外公好凶哦，外公今天又发脾气骂外婆了。”语君就会问孩子是不是自己做了不乖的事情，惹外婆生气，才变成外公骂外婆的状况，孩子会自己承认。然后语君就会跟孩子说：“外公是疼你们所以急了才会生气骂外婆，但是你们自己要知道自己做错的地方，不要做错事让外婆生气处罚你们，外公就不会骂外婆啦！”

当孩子跟语君说外公今天对他们骂了很多不好听的话，语君也会跟孩子说：“有些话是因为外公的习惯，不是真的要骂你们，那些不好听的话也不要学，最重要的是你们要知道，妈妈跟外婆讲的话要听，不要哭闹到最后变成外公生气把大家都骂了。”语君发现对孩子只要慢慢地、有耐性地沟通，其实孩子都会理解的。

案例分析

其实这种所谓“谁比较大”的问题，一定会在许多把孩子交给爷爷奶奶或者是外公外婆照顾的家庭中发生。语君的例子是发生在外公外婆不同调；很多朋友的例子是发生在爷爷奶奶跟爸爸妈妈不同调，当父母在管教孩子的时候，爷爷奶奶就会跳出来护孙子。比如，语君跟孩子的外婆比较一致，当她们要管教孩子时，外公就会跳出来护孙子。语君的处理方法是“暂时隔离”，让孩子情绪稳定下来，便能够好好谈话，也不会让外公认为是在惩罚孩子而插手阻止。

实际案例 2：隔代教养不同调的沟通

晓梅的孩子四岁，有一天回到家吵着要看卡通片，可是已经晚上十点了，该睡觉了，晓梅坚持不让孩子看卡通片。这时候她的孩子居然像个小大人一样跟她说：“妈妈，我跟你说，你不准我看卡通也没关系，因为奶奶说妈妈不让我看的话就去奶奶家看。”晓梅听到之后追问孩子：“那妈妈之前跟你说不可以吃那么多巧克力，奶奶有没有给你吃吗？”她的孩子立刻回答：“当然有，奶奶买了很多巧克力，而且她说妈妈管太多，哪有小孩子不吃糖的。”

晓梅深夜睡不着向丈夫诉苦，她说她平常都会跟婆婆沟通，对小孩子的教养方式她婆婆也都说好会配合她，但是婆婆在背后却完全不是这样做的，还跟孩子说妈妈管太多，这样到底要怎么教孩子？

因为担心会变成婆媳问题，所以晓梅不便直接去找婆婆明说。由于把孩子交给婆婆照顾，在晓梅看不到的时候婆婆要怎么做晓梅还真的是无法干涉。所以给晓梅的建议是，搜集一些关于孩子从小因为父母或是祖父母太宠爱孩子，没有给予正确的观念和教育，造成孩子行为偏差犯下大错的社会新闻。在平常跟婆婆聊天的时候，把这些新闻的事情带入聊天内容，变成跟婆婆一起讨论的话题。偶尔跟婆婆提议，不要让孩子觉得奶奶一定什么都会顺着他，也要建立奶奶在孩子心中的权威。如果都顺着孩子，等孩子大了你发现他不对，你说他的时候他可能根本不会听你的了。

在聊天当中也顺便用善意提醒的语气跟婆婆说：“妈，我之前说不要让孩子看太多卡通片，也是为了怕他变成电视儿童，到时候眼睛会近视，我这边能够管到孩子的时间不多，希望妈能帮我多多注意一下孩子看卡通片的时间，最好看一小时就要休息一下！”

吃巧克力的事情也可以用这样的方式来做，只是在跟婆婆说的时候，一定要当作不知道婆婆说了什么或做了什么，就当作婆婆配合得很好，然后隔三差五地跟婆婆说谢谢，谢谢婆婆的配合，谢谢婆婆帮忙盯着孩子，谢谢婆婆这么用心关心孩子的教养问题。

一开始晓梅是照着建议去做，但是她常常觉得感谢得一肚子气，也不知道到底有没有用，可是大约三个月左右，晓梅说她的婆婆变了。转变的原因在于，有一次婆婆真的发觉孩子一直坐在电视机前面看卡通片，想想也是不太好，于是婆婆好言跟孩子说不要看太多电视眼睛要休息，结果孩子却态度很差地顶撞婆婆，让婆婆突然意识到，之前晓梅跟婆婆讲的话是有道理的。现在换婆婆总会打电话告诉晓梅孩子今天看了几小时卡通片，孩子今天乖不乖、有没有听话，因为婆婆开始担心孩子以后长大会变成坏孩子，还叮咛晓梅说孩子一定要现在就好好地教育。

案例分析

隔代教养不同调的沟通真的是一门学问，因为长辈不是保姆不可以换掉，也不能得罪以免变成家庭问题，同时是孩子的亲人，又不能跟孩子说不要听他们的话。长辈有时候就像个孩子，你教育孩子的时候会有很多种方式，打骂不是唯一的选择。有时候可以用说故事或隐喻的方式；可以用孩子身边的例子来让长辈知道后果，也可以让长辈自己去尝试、或是拿书或新闻事件等等信息来让长辈学习。我们当然不能对长辈施行打骂教育，就只好使用其他的方式来教育我们的长辈喽！

Part 4

托育期间，
孩子到底谁来教？

孩子到底是谁的责任？

现在的双薪家庭越来越多，而许多家庭的祖父母等长辈也不适合或不方便协助带小孩，这样，孩子一岁就被送往幼儿园了，或是出生没多久就请保姆到家照顾孩子。可是，解决了照顾孩子的“时间问题”，孩子的“教育问题”却也从这里开始了。

以前大部分的家庭都是丈夫上班赚钱，妻子在家照顾一家老小；但是现在的社会形态已经转变，很多家庭都需要夫妻两个人一起上班赚钱，才够支付房贷、车贷以及孩子的生活和教育费用。夫妻都在上班的时候，孩子只好交付给保姆来照顾，但是当孩子出现了问题，许多家庭就会产生争执，僵持不下。

谁该去接小孩？

很多夫妻的工作都会遇到的加班问题，但是保姆的工作时间却是固定的，若是当天遇到夫妻两个人都要加班，那么到底谁应该去接小孩？

宜蓁和老公伦浩是在同一家大型企业里工作认识的，当时两个人分属不同的单位，宜蓁是客服部主任，伦浩是业务部的经理。在宜蓁的客服单位里，主管是需要轮值早晚班的，而伦浩在业务部则是常常需要跟客户交际应酬。两个人从恋爱到结婚都觉得没有任何问题，但是当宜蓁发现自己怀孕的时候，两个人为了“谁来带小孩”这件事情讨论了许多次。

因为两个人都是单亲家庭——伦浩的双亲在国外各自有自己的生活了；宜蓁的母亲已经过世多年，父亲在南方城市，但身体的健康状况欠佳。两个人唯一的选择就是将孩子送到保姆家，宜蓁为了能够配合保姆的时间而无法轮班，选择从原本的企业总公司转调到子公司去带领一个新的单位。原本以为这样调整就没问题了，但是两个人之间的摩擦却因为孩子的接送和教养问题变得越来越严重，甚至最后差点要闹到离婚，整个问题引爆点是有一天宜蓁和伦浩都要加班。

宜蓁由于她所带领的单位里有一位员工出了严重的失误，可能会造成公司的损失，老板要求所有部门主管加开紧急会议，当然重头戏就是要听宜蓁的报告以及补救方案。

当宜蓁打电话请伦浩下班赶快去保姆家接孩子的时候，伦浩也因为自己已经和重要的客户约了晚餐而无法抽身。伦浩不满地抱怨宜蓁，认为自己前几天约好客户的时候就已经跟宜蓁说过这天他晚上有事；但是宜蓁认为她这边公

司发生了问题是比较紧急的状况，为什么伦浩不能跟客户商量说家中有急事，改天再约。

电话中吵完仍然没有一个结论，宜蓁只好打电话去拜托保姆多带两个小时，开完会之后宜蓁赶紧去接孩子，但是等到伦浩回家两人就大吵了起来。

宜蓁气愤地哭诉，她最难过的部分不是因为伦浩没有去接小孩，而是伦浩当天还是跟客户应酬到很晚才回家。她为了孩子换工作，为了接送孩子每天赶时间上下班，连因为公司的紧急状况请伦浩帮忙一下都没有办法，难道伦浩都不用改变自己的生活，没有想过要一起为孩子做些什么吗？

孩子到底是谁的责任？这个问题很愚蠢，因为大家都会回答“孩子是两个人共同的责任”。但是真正遇到状况和问题的时候，却不是每个人都可以意识到孩子是共同的责任，尤其当孩子从小就给保姆照顾，很多父母跟孩子相处的时间非常少，对于孩子的成长和教养根本没有感觉。

伦浩的状况就是一个非常典型的例子，孩子出生前宜蓁就已经想到了问题然后去配合调动工作，孩子出生之后就交给保姆去照顾。对伦浩而言，他的生活几乎没有什么改变，当然也没有意识到未来孩子的成长过程中，他对孩子的教养一定也是缺席的，这样的话，有可能在孩子的心中会失去地位。

找到好方法！

宜蓁跟伦浩的问题该怎么办呢？很多双薪家庭也会遇到类似的问题，玉洁也是一位上班族，她的解决方法就挺好的，可以提供大家参考。

玉洁和先生嘉升是一对主管级的上班族，他们也常常遇到类似的问题，所以他们夫妻讨论出一个适合的人选——玉洁的好姐妹——雯雯，她也有一个孩子，但是因为雯雯的先生自己开店做生意，雯雯则是自己在家经营网络拍卖，所以孩子几乎全部是由自己照顾，完全没有上班时间的问题。他们跟雯雯商量过后雯雯同意帮忙，于是他们将雯雯介绍给保姆认识，也让孩子认识熟悉雯雯。这样当夫妻双方都无法去接孩子的时候，雯雯就会前往保姆家先将玉洁的孩子接回自己家玩，等玉洁和嘉升下班后，夫妻两个人再约到雯雯家碰面接孩子，同时也跟雯雯一起交换一些孩子成长过程中的心得。

儿女离你越来越远了吗?

亚新是一个晚熟的爸爸，儿子从小给保姆带，晚上由老婆接回儿子照顾。等到儿子上了中学他才发现，他不知道自己是一个什么样的爸爸。他以为儿子长大了可以跟儿子一起像个哥们，结果儿子根本不跟他聊天。他发觉儿子有些问题需要改正，但是儿子却跟他顶撞，让他常常火大地怒骂儿子一顿。

一开始老婆劝亚新再观察看看，亚新还怪罪老婆，认为是她宠坏了儿子，才会放任儿子变成这样，但是老婆跟亚新好好地沟通之后，亚新发觉老婆说的话有道理。老婆说儿子的脾气比较执拗，正面冲突他一定会故意不听从，如果用别的方式提醒他，过一阵子反而会发现儿子有改善。

因为亚新一直都没有参与儿子的教养过程，所以对儿子的一些状况无法掌控得当。后来亚新改变方式，跟老婆一起讨论儿子的学习状况，老婆也分享一些他错过的儿子的成长过程，然后他慢慢地采取和老婆一致的说法和做法。例如当老婆叫儿子去帮忙倒垃圾的时候，过去的他都只顾看自己的电视，现在他会跟儿子说："儿子，老妈在叫你！”渐渐地儿子开始回应他，也开始跟他有了更多的互动。

所以千万不要以为把孩子交给保姆，只要赚钱供孩子吃的穿的，让孩子平平安安长大就没事了。真正重要的事，并不只是在这些物质上面，而是在孩子从小的教养方面。

谁把孩子教养成这样的？

当孩子交给保姆或者学校之后，许多父母往往会忽略了自己教养孩子的部分，因为没有注意到保姆和父母之间的教养方式是否同调，孩子的成长过程中就开始出现状况，此时惊讶的父母常常会怒气冲冲质问孩子说："是谁教你的？"

其实没有人会愿意故意教坏小孩子，但是当孩子出现说谎的情形，或者是在保姆与父母之间表现出完全不同的一面，做父母的就要赶快去了解，是不是自己跟保姆之间的沟通没有协调好。

孩子是需要夫妻共同去教育和关心的，即使有了保姆，也不能把教养的责任完全交给保姆。孩子待在保姆家的那十几个小时有一套行为准则，而回到家孩子可能又要面临另外一套准则。在这样的差异之下，自以为聪明的小孩子，就会自动地衍生出一套模式来适应。

记得常与保姆互通有无

娃娃和育诚是一对年轻的小夫妻。女儿两岁之前都是娃娃自己在家照顾，后来因为娃娃有一个不错的工作机会，夫妻俩就商量好将孩子送到住家附近的保姆家照顾。但是娃娃和育诚都没有想过要跟保姆做什么沟通，只要娃娃去接女儿的时候女儿健健康康的就好。

一年的时间过去了，娃娃偶尔会看到女儿带一些玩具回家，刚开始以为是保姆家的玩具，并不以为意。有一天，娃娃看到女儿回家的时候带了一组扮家家酒的新玩具，由于崭新的玩具看起来不太便宜，她问女儿怎么会有这组玩具，女儿说是保姆买了送给她的，娃娃心里想这保姆人真好，这么疼自己的女儿。

过了几天，当娃娃去接女儿的时候，娃娃想到了这件事情，特地向保姆道谢并且请保姆不要这么破费，没想到保姆却说："没办法啊！你女儿看到电视上的玩具广告就又哭又闹地吵着要，还说不买给她就要跟你告状说我虐待她。"

娃娃听到大吃一惊，她认为女儿才三岁多不可能会这样威胁保姆吧？当时便不好意思地向保姆道歉，回到家她问女儿："你带回家的玩具是阿姨自己买来送给你的吗?"

只见一个三岁多的可爱小女孩，在妈妈面前很骄傲地说："阿姨才不会自己买给我呢！是我要阿姨买给我的。"

娃娃很惊讶，继续追问才知道，原来这一年来女儿在保姆家根本就是一个小霸王。女儿认为妈妈每天辛苦上班赚钱给保姆，所以她叫保姆买东西给她，或是叫保姆喂她吃饭，对保姆颐指气使。

娃娃回想起来，当初因为要去上班，刚把女儿送去保姆家的那一阵子,女儿会哭着不让她走,所以娃娃都会跟女儿说:“妈妈要去上班赚钱。”女儿问妈妈去上班赚钱做什么,娃娃就回答:“要赚钱给阿姨,阿姨就会好好照顾你。”而那时候也因为女儿到保姆家会一直哭闹,保姆就什么都哄她宠她,要什么吃的玩的都给她,好让她不再哭闹。

娃娃告诉女儿不可以要求别人买玩具,也说明保姆阿姨是要好好照顾她,但是不表示女儿可以对保姆阿姨没有礼貌。在家里都会自己吃饭或是穿衣服,到保姆阿姨家这些事情也都要自己做。

晚上娃娃将这个问题告诉老公,本来期望老公会跟自己一样觉得这个问题很严重,没料到育诚听完居然说:“很好啊!女儿这么小就这么聪明,懂得叫别人做事和买玩具,长大就不用怕她傻傻地被男人骗了。”

听完先生的这一番话,娃娃差点儿没有被气昏倒,她花了整整一晚跟育诚沟通,告诉他这种行为对一个三岁多的小孩有多么不正确,希望育诚可以跟他一起注意女儿的状况。

娃娃好不容易才说服了先生,第二天去保姆家接女儿的时候,却从保姆那边听到女儿的状况一点儿都没有改变。而且娃娃发现女儿在保姆家和在自己面前完全是两种不同的表现,这让她感到非常头痛。直到一个多星期之后的某天晚上,娃娃跟育诚抱怨这种状况让她很困扰,育诚的一番话点醒了她。

育诚说："如果你是女儿，你想一想为什么你在妈妈面前会听话，但是到保姆阿姨家却不听话？"娃娃说："因为妈妈说的话如果不听，会被处罚，而且妈妈说不行就是不行。"

育诚告诉娃娃，这就是问题的症结所在："我们教育孩子的方式没有改变，但是这一年多来保姆家的教育方式是不同的。在那里女儿爱怎么样就怎么样，只要不如她的意，她就哭闹，甚至不吃饭或摔玩具，在保姆家没有人可以制止她，她当然会继续这样下去。"

娃娃听懂了，但是她又犯难了："我一开始就跟保姆说过，我不愿意保姆处罚我的小孩，那现在这样要怎么办？"

育诚提供了一个很好的方法，既然娃娃不愿意保姆处罚女儿，建议娃娃去跟保姆商量，首先要求保姆跟娃娃用一致的方式来照顾女儿，如果女儿哭闹也绝不退让，如果女儿不乖，就请保姆告诉女儿，会告诉妈妈今天她不乖的状况，然后由娃娃来处罚女儿。

娃娃觉得这是一个不错的方法，跟保姆沟通之后保姆也非常赞成，刚开始女儿还是一样对保姆态度不好。保姆不喂她吃饭她就不吃，但是保姆也很坚持，晚上当娃娃去接女儿的时候，保姆立刻告诉娃娃今天孩子的表现状况。几次之后女儿开始改变，当她要求保姆喂她吃饭的时候，态度变好了，而且保姆拒绝并告诉她妈妈不允许之后，女儿会乖乖地自己吃饭，不再吵闹。

从娃娃和育诚这个真实的例子里面我们可以发现，教养孩子的时候，夫妻同调有多么重要。孩子托给保姆照顾，并不是每天接送或关心有没有吃饱穿暖这么简单。要跟保姆保持畅通的沟通，因为保姆并不知道孩子在家中跟父母是什么样的相处情况。以娃娃的状况来说，也许保姆心中一直以为那个小女孩在家里吃饭也是要妈妈喂，只要哭闹就可以被满足的“小霸王”呢！

充分的准备和适当的选择

托育的问题是现代父母的一大课题。无论是保姆或是托儿所，在网络或是电视媒体上，常常都会看到很多相关的负面新闻。这让很多父母都胆颤心惊，担心自己的心肝宝贝会不会遇到这些状况。

事实上保姆或是托儿所对孩子的教养影响很大，除了讨论要用什么样的方式与保姆和托儿所的人员沟通与协调之外，如何慎选保姆以及孩子要活动的环境，也是一个非常重要的课题。

许多父母对此都很伤脑筋，也常常向亲朋好友询问，希望有好的保姆或托儿所可以给推荐。除了质量好不好之外，找保姆和托儿所很重要的一点是“合不合适”。我们常常会听到一些艺人明星在电视节目上，分享自己的保姆或托儿所的经验，很多内容都会让观众觉得好棒，但是这么棒的保姆或是托儿所，并不一定适合每一个家庭。

有一个实际的例子与大家分享。婉婷在怀孕后期，看到了一个谈话性节目，里面的某位艺人妈妈就在分享孩子的托育经验。艺人妈妈说把孩子从小送到某知名幼教中心托育，里面的环境非常好，老师也很有爱心和耐心等等，大家听了都对这家幼教中心赞不绝口。

婉婷看了节目以后非常心动，与先生商量要将孩子送到那家知名的幼教中心托育，两人也前往那家幼教中心看了几次，觉得很满意。于是，孩子出生满六个月后婉婷就把孩子送往那家幼教中心托育，然而问题却在托育后的一个月开始出现了。

一开始是托育中心告诉婉婷，孩子吃的奶粉不够好，向婉婷推荐了进口的品牌，并且展示给婉婷看许多名人的孩子都吃这个品牌的奶粉。婉婷想，给孩子吃好一点儿的奶粉也好，于是就同意了。接下来，托育中心又告诉婉婷，孩子开始要添加很多营养副食品。要添加副食品这点，婉婷跟先生本来就知道，孩子四个月开始就已经添加了，但托育中心还是告诉婉婷要加钱，因为托育中心的营养品和副食品都是进口品牌，这次婉婷犹豫了一下但还是答应了。

又有一次，婉婷去接孩子，回来的时候买了一个进口的毛毯，花了好几千块，婉婷的老公很傻眼，因为婉婷说托育中心的人说这种毛毯防尘螨，保暖又不掉毛屑，对孩子呼吸器官比较好。而且所有的妈妈都买了，她觉得大家都是为孩子好，她总不能说没关系自己的孩子用差一点儿的。

婉婷的老公气炸了，觉得那间托育中心一定有问题，跑去找对方理论。但托育中心表示并没有强迫家长一定要买，只是好心分享对孩子比较好的东西，而且表示这些东西是真的好，很多家长都在使用。婉婷的老公后来为了这家托育中心的问题，和婉婷大吵一架。婉婷被老公骂，也觉得很委屈，认为老公这样做让她很没面子，最后还是在老公的坚持下，决定把孩子带回来另外找保姆或托育中心。整件事情也许很多人看到会觉得，托育中心真的有很大的问题，怎么可以推销奶粉、副食品和用品等等。

但是站在不同的角度和立场想，他们是知名且昂贵的托育中心，对他们而言可能并不是推销，他们觉得所有的小孩都应该要用最好的。这些艺人明星或是知名企业老板的心肝宝贝们都用这些，对于这些东西的花费一点儿都不以为意，甚至可能会非常地感谢托育中心的人，觉得他们很用心很细心，给他们的孩子这么多好东西。原来有这么好的毛毯，不要说几千块，他们只要觉得是好东西也许几万块都没问题。但是这对于一般家庭来说，却可能是一个很沉重的负担。

所以选择保姆或是托儿所，并不只是考虑环境好不好，或是有没有口碑，更重要的是针对整个家庭和孩子的教育，以及整体核心价值等等是否合适来考虑。

许多夫妻或家人对于保姆和托儿所的选择，从开始就遭遇到不同调的问题。很多家庭在初期都不赞成找保姆或托儿所，决定要自己带孩子，或是怀孕期讲好要托给长辈带。但是等到孩子出生了，真正开始面对孩子的养育问题时，才手忙脚乱地发现很多不适合的状况，然后匆匆忙忙地去找保姆和托儿所。

找保姆和托儿所的时候，又可能发生因为经验不足，或是有些家人因为经济水平、时间、距离等等因素，无法达成共识，吵闹成一片。

为了能让家人容易达成共识，建议找保姆或托儿所时，最好针对保姆和托儿所的选择方向和法令规定等做一些了解和准备。

准备一、 什么是好的保姆？

关于好保姆的特点，一般人会说“有耐心”“有爱心”或是“细心”，这些是需要没错，但是在没有时间长期相处的状况下，如何分辨这个保姆是否有耐心、爱心和细心？除了耐心、爱心和细心之外，难道保姆不需要有别的优点或是专长吗？

当然需要，所以提供大家以下几点，方便与家人或夫妻沟通时容易达成共识：

1. 是否拥有保姆证照？或是否受过专业训练？

这一点的辨识非常容易，一般与保姆约谈时，保姆会自动出示自己的证件照以及经历，如果有合格的证件照，或是相关专业训练结训课程的数据，当然是比较好的。

2. 每年定期健康检查（如：肺结核、A型肝炎、艾滋病等基本健检项目）。

这类定期健康检查的项目，多以“传染性”疾病为主，如果是专业型的保姆，大多会自行告知定期健康检查的情况，若是保姆没有主动告知，也请家长记得询问，若是保姆并没有定期做这方面的检查，家长就要考虑一下，或是要求保姆必须先去做这方面的健康检查。

3. 是否喜欢小孩，对小孩是否亲切友善？

很多人会觉得，一开始保姆为了想要获得带孩子的这份工作，一定会对自己的小孩表现出亲切的一面，但要怎么判断，保姆获得工作后，是否仍会对孩子友善呢？这就要靠其他方式去了解，例如，向街坊邻居、相识的朋友等打听一下就会知道这个保姆平常是否对人亲切友善。

4. **观察保姆和孩子说话的语气及方式。**

有些人认为保姆只要很会哄小孩就是好保姆，其实这种观念是不正确的。保姆跟孩子之间的语气和互动，必须依照孩子不同的年龄和需要有所改变。最容易观察到的就是，带孩子到保姆家，孩子若要乱动东西，保姆会用什么方式和语气来阻止；孩子若是怯懦怕生，保姆用什么方式来引导。这方面的答案没有一定的对或错，而是家长需要思考保姆的方式与自己的理念是否相一致。

5. **了解孩子在不同年龄阶段的需要与行为发展。**

与保姆见面时，很多家长都只看表面，保姆看起来很和蔼可亲，家里看起来很整齐清洁，很开心地聊了一堆妈妈经之后，就以为找到好保姆了，但这样是不够的。家长应该要准备好更多的问题和想法，去跟保姆聊一聊，例如，孩子两岁时要注意什么，三岁时要给他学习什么，保姆有没有一套教材或教学方法……针对孩子在不同的成长阶段，好的保姆其实都会有很多经验和准备，不只是家长在提出需求，保姆更会主动针对孩子的需要和成长特点，提供给孩子许多的资源，这样才能让家长放心地把孩子交给保姆。

6. 清晰的育儿观念和方法。

很多父母常常去找保姆，但没有时间听保姆的想法，而是不断地告诉保姆，我的小孩要怎么吃、怎么睡。例如，我不要孩子侧躺，我不让孩子在地上爬等等。这样找保姆并不是一个好的方式，真正的好保姆是一个拥有专业育儿观念的人。做父母的并不是在找一个帮佣，帮佣是跟在雇主身边然后照着雇主的意思去做，保姆则是父母不在孩子身边，其本身要有很好的专业能力帮父母把孩子照顾得很好，所谓的照顾好并不只是吃和睡，更要有正确的育儿观念和方法。所以在找保姆的时候，做父母的不要急着把自己的想法灌输给保姆，而是要聆听保姆是否有自己的一套育儿观念和方法，包括对于幼儿安全的观念、教养的观念、饮食的观念等等，然后再去考虑这些观念和方法与父母自己的想法是否吻合，这样才能选到一个与孩子的家庭合适的保姆。

7. 生活作息是否规律且无不良嗜好与习惯。

很多家长忽视了保姆的生活作息这一点，大部分都只专注于自己的孩子生活作息是否正常。但是在一开始选择保姆的时候，如果没有注意到这一点，将来很可能会出现很多状况。例如，保姆若是常常晚睡，很可能白天在照顾孩子的时候就容易疲倦和精神不集中；有的会因为自己作息不正常而忘东忘西或是手忙脚乱，甚至因为自己疲倦就会对孩子没耐性。

当然，可能父母此时会想问："不可能一到保姆家就去翻箱倒柜，怎么可能会知道保姆作息正常不正常，或是有没有不良嗜好？"这方面就要靠一些技巧性的询问。例如，在与保姆见面闲聊时，可以跟保姆聊聊晚上是否会有其他固定的活动、大约都几点会睡觉、是否偶尔可以配合家长加班晚一点儿等等之类的问题，也可询问一下保姆平常不带孩子的时间、有什么喜欢的活动、假日会去哪些地方走动等等，从这些谈话内容里，就可以知道保姆的作息是否健康正常。

8. 持续增加相关的育儿知识和常识。

许多保姆的年纪大约四五十岁，虽然有很多的育儿经验，但是你会发现很多保姆都是一直用着同样的一套育儿经验。事实上，一个好的保姆要有能够常常提升自我的能力，例如，有的保姆会去上一些儿童特殊教育的课程。在早期，很多儿童的自闭倾向或是情绪障碍等问题是没有被发觉的。这样的孩子在三到六岁的治疗黄金的时期，常常因为家长将孩子托育给保姆，而保姆也没有这方面的知识或认识，等孩子上学之后才凸显出问题，因此而丧失了黄金治疗时间。

除了儿童特殊教育，有的保姆会去上一些儿童健康饮食的课程，对一些胃肠道较弱的孩子或是某些特别挑食的孩子，都是有正向帮助的影响。越来越多的孩子有过敏体质、气喘或是异位性皮肤炎等病兆。如果保姆是一个愿意不断成长和学习的人，就会主动地去接触和吸收更多跟育儿有关的知识。这样可以让家长更放心。有时当孩子发生状况时，保姆由于了解相关正确的知识和应对措施而成为家长和孩子的贵人。

准备二、 如何判断保姆家的环境是否合适？

许多父母因为把自己的儿女当成心肝宝贝，会希望保姆最好只照顾自己一个人的孩子；有些父母担心保姆如果有其他孩子要照顾，会偏心或是对自己的孩子疏忽；更有父母怕保姆忙不过来，所以很多父母在与保姆洽谈时，都常常会提出保姆只带自己孩子的要求，不希望保姆同时照顾其他人的孩子。

不过从发展来看，孩子有其他同伴可能更利于孩子社会化的发展。如果保姆能力可及，有足够空间及优良环境与设备，家长不必太担心。资深保姆黄妈妈就表示，依照规定，保姆一人可以带到四个孩子，但是两岁以下的幼儿不能超过两个。保姆自己的孩子若也在学龄以下，也要算进托育的孩子人数当中，几个孩子一起成长对孩子有正面的教育意义。如果只带一个小孩又是内向的保姆，反而对孩子不一定好。

黄妈妈说她之前就托育过一个两岁的孩子，孩子非常内向怕生。孩子妈妈特别参观过她的托育环境之后带了过来，当时黄妈妈正在托育的孩子有两个，一个两岁，另外一个三岁半。那个孩子刚来的时候很内向，妈妈说之前的保姆几乎足不出户，每天就只有她的孩子和那个保姆在一起面对面。她发现，她的孩子两岁了却好像都不太搭理别人，到公园玩都坐远远的，不敢上前，有别的小朋友来找他玩，他就回头找妈妈要抱抱。经过与家人的讨论和建议，这个妈妈觉得她应该要找个有同年龄的孩子的保姆，从平常生活中就让孩子习惯与别的小孩相处。

一开始，这个孩子刚到黄妈妈这边的时候真的比较难带，因为其他孩子很习惯看到新朋友就上前玩要，但是这个孩子会害怕，就一直黏着黄妈妈。黄妈妈也担心孩子有性格上的问题，所以在观察和教导这个孩子上特别花心思。

大约托育了三个多月，这个孩子有了非常大的进步，几乎跟一般的孩子一样与同伴一起玩耍了，就这样托育了两年直到孩子上幼儿园。黄妈妈说，现在带孩子在附近的公园玩耍时遇到这个妈妈和孩子，妈妈都会一直跟保姆道谢，说孩子现在非常活泼开朗。

我们可以发现，选择保姆时，保姆的托育环境也是很重要的一环。如何去选择和判断保姆的托育环境呢？提供以下几个参考点：

1. 有足够的活动空间。

有些保姆的整体空间很小，可能就只有一个空荡荡的小客厅。也有一些家长会觉得孩子还小，不需要什么空间，但是其实整个空间的大小并不只是让孩子跑跳，而是在成长的过程当中，孩子会去发展认知空间的感官，太过于狭窄的空间，当孩子在练习爬行或是走路的时候，都可能会有阻碍感，甚至眼睛所看到的东西都是有限的。

2. 提供足够多样的玩具、图书等物品。

这里特别要强调的是“足够”和“多样”，有些保姆家中堆满了玩具和图书，但是大多是雷同或是重复的内容，

也有些书本已经破损，玩具也脏污；真正好的托育环境应该根据孩子不同阶段的成长需要，有不同的玩具和图书，并且保持得干净完整，保姆会陪同孩子一起游乐和启发孩子。

3. 居家干净舒适、光线充足、通风良好。

除了干净整洁是大部分的父母会注意的，另外建议托育的环境最好要有对外开放的窗户，当然要有保护的栏杆或铁窗。根据一些孩童的行为观察，有户外的阳光、空气和天空，对孩子是比较好的环境。如果保姆的家有窗户，但是一打开是对着隔壁大楼的墙壁或是厨房，也不是一个优良的托育环境。毕竟孩子要待在保姆家的时间不算短，把托育环境的选择，提升成自己对家的要求一样的等级。在能够多选择多比较的时候，这些部分最好也能纳入比较的条件当中。

4. 注重室内安全（备有安全插座、防滑垫、急救箱、家具尖角保护、抽屉安全锁等等）。

保姆的托育环境里，室内安全也可以呈现出这个保姆对于孩子的安全注重程度。有些保姆并没有将抽屉上安全锁，但是保姆会跟父母说他不会让孩子单独待在这个环境，其实这并不是一个很好的观念，毕竟许多孩子的状况都是发生在“意外”。有时候本来以为孩子还不会翻身，把孩子放在沙发上睡觉，去上个洗手间，孩子就摔到沙发下面了。所以保姆是否够小心，是否够注重室内环境的安全，可以看出这个保姆的观念，越小心越注重安全的保姆，父母越可以放心啰！

5. 室外环境安全（如：楼梯间无堆积物）。

朋友满薇说，当初她和她的老公在两个保姆之间做选择，两个保姆的状况和室内托育环境都不错，最后她老公是以室外环境安全来选。因为其中有一个保姆的进门处堆放了两个大鞋柜，然后安全梯的门是锁上的，也没有看到灭火器之类的设备，满薇原本比较喜欢这个保姆，觉得谈得比较投机。

但是她老公表示，孩子一天有十个小时要待在保姆那里，如果把孩子放在这样的环境他会很担心。只要电视上有报道火警的新闻，就会让他很紧张，毕竟火警逃生只有短短的黄金三分钟，那样的环境她老公不能认同。她想想觉得很有道理，谁也不能保证什么时候会发生什么状况，所以后来他们就选择了另外一个保姆。因为那个保姆的托育处所是在一个有管理委员会的大楼，楼梯间干净，公共环境装设有监视器，也有逃生警示灯以及消防设备等等。

有时候这些小细节，也是我们做父母的在选择保姆托育环境时要注意到的地方。

6. 附近环境整洁、治安良好、行路安全。

不管是父母接送孩子，亦或是保姆偶尔会带孩子外出走走，保姆居住的环境附近都是孩子会接触到的地方。父母在挑选保姆的时候，除了到保姆家实际拜访之外，也别忘了到附近去走走看看，孩子年幼容易受到一些病毒的攻击，环境整洁是一个很重要的方面。

附近治安是否良好，马路的路灯是否明亮，有没有保安或是警察常常巡逻等等，这些环节也很重要。曾经有妈妈到保姆家去接孩子，结果妈妈抱着孩子出来，提包就被劫匪抢了。后来才知道那边的巷弄因为光线比较暗，治安不太好，劫匪一定是观察到了这个妈妈每天在固定的时间来接孩子，而且料定妈妈为了保护孩子不敢反抗和追赶，所以就下手行抢。虽然母子平安，可是也遭受了财务上的损失和精神上的惊吓，那个妈妈也因此不敢再到那附近接送孩子，所以就另外选择了别的保姆托育。

7. 有安全、整洁的户外活动场所（如：小区公园、学校）。

除了保姆自己家的托育环境和设施要注重安全之外，父母也要到保姆家附近的公共设施去看看。当然这部分不能要求保姆，但是父母如果发现危险的场所和环境，例如小区游乐设施老旧松脱，公园的儿童设施有破损或尖角，就要提醒保姆不要带孩子到那个环境去游玩。虽然父母把孩子交给了保姆，但是并不表示所有的责任和状况都要保姆一肩扛起，父母能多关心多注意的部分都要关心到。

如果有更好的托育环境可以选择和比较，就要把这个要素列入考虑因素内。友人嘉琪选的保姆托育环境非常好，小区有游乐设施，甚至还有特别为孩子设计的音乐室、图书馆和室内游戏室，方便天气不好的时候小区孩子可以使用。这样的环境也是嘉琪自己的公寓式住户所没有的，所以有时候，户外的整体环境如果不错，也会替保姆加分不少。

准备三、保姆的家人也是孩子的接触对象

可能很多父母从来没有想过，自己的孩子学了一些奇

怪的言语或行为，或是受到一些无法理解的影响，是来自于保姆的家庭环境。

米奇妈妈在保姆的经验分享中提到，她的大儿子让一个保姆带到三岁多上幼儿园，一切状况都很不错，所以当她生了米奇的时候，就毫不犹豫地找同一个保姆来带。但是米奇大约在两岁的时候，常常讲话会带一些不雅的用语。米奇妈妈一开始怀疑是否米奇看了一些不合适的电视节目。跟保姆沟通以后，保姆也说会多注意米奇所观赏的卡通节目等等状况，可是米奇这些不雅的用语还是不时地出现。

直到有一天米奇妈妈到保姆家，因为提早到所以在客厅稍坐，等保姆帮米奇洗澡，在保姆家多待了半个小时左右。米奇妈妈发现保姆读高中的大儿子当天在家，关在房间打电动，米奇妈妈无意中听到一些断断续续的不雅用语。原来保姆的大儿子戴着耳机在打联机电玩，这种电玩可以通过网络联机跟其他的网友对话，他们常常会说出让人反感的脏话等不文明用语，米奇妈妈恍然大悟，原来米奇学会的那些不雅用语是这样来的！

在这个分享经验里我们会发现，原来保姆的家人甚至邻居等，都是孩子会接触和学习的对象。所以我们在选择保姆和托育环境时，应该要到保姆家实地探访，并对保姆家的成员多作一些了解，要注意的重点有以下几个：

1. 保姆家中人数是否过多或复杂？

2. 保姆的家人相处状况是否和谐？

3. 保姆和家人的经济状况是否正常？

另外要提醒父母的一点，孩子的行为表现往往会呈现出保姆的状况。有时候孩子调皮捣蛋，做父母的习以为常，当孩子表达某些问题时，父母就容易以自身的经验来判断，觉得保姆一定也是被孩子欺负的受害者。尤其很多时候因为孩子年纪小，偶尔会有编故事或说谎的行为，就更容易让父母忽略了实际的状况。

小孩有时候想要跟父母或保姆沟通，但心理受到挫折或是不会表达，慢慢地会演变成觉得自己不受大家的欢迎，回到家的时候好好的，可能第二天早上就会到保姆家抗拒，可是又讲不清楚发生了什么事。父母就以为孩子只是闹脾气，然后就指责孩子不乖，甚至有的时候父母因为上班时间很紧迫，就直接把孩子责骂一顿之后送到保姆家，这样下去会对孩子造成不好的心理影响。

父母可能会疑惑，既不能相信孩子去找保姆，又不能不相信孩子，那该怎么做比较好呢？以下几点可以给父母提供些思路。

1. 当孩子说得很混乱不清楚时，不要立刻制止，应该仔细聆听孩子说的内容里面有哪些重点。

2. 用认真的语气，将孩子说的内容以正确的逻辑重组，再叙述一遍给孩子听。

3. 挑出觉得疑惑的重点，请孩子再讲一遍，分辨每一次的内容是否都一样。

4. 跟孩子一起下结论，看孩子是否认同这样的结论。

5. 认真地告诉孩子，会去跟保姆讨论刚刚和孩子讨论的事情，询问孩子希望得到什么结果。

举一个例子：妈妈去保姆家接孩子，孩子在回家的车上跟妈妈说，保姆今天不乖，保姆说谎。妈妈听到这里很疑惑，保姆为什么事说谎？孩子很生气地说："明明讲好每个小朋友有两颗糖，吃完饭的小朋友就可以吃糖，但是后来我的糖却只有一颗，保姆说我只有一颗糖，保姆骗人。”妈妈听了觉得有点奇怪，就问孩子：“那其他的小朋友有几颗糖呢？”

这里就是妈妈在抓孩子说话内容的重点，孩子说保姆说谎的重点在于糖果的数目，妈妈开始厘清问题点。

孩子说：“有的人有两颗，有的人有一颗。”

妈妈说：“为什么有的人有两颗糖，有的人只有一颗糖？保姆应该有说游戏规则呀！”

孩子说：“保姆说每个人有两颗糖，吃饭乖乖的，三十分钟之内吃完的就可以吃两颗，如果超过三十分钟的就只能吃一颗，可是我没有吃很久，我很乖。”妈妈说：“你有很乖喔，那你怎么只有一颗糖？如果你吃饭很乖很快，应该有两颗糖啊！”孩子气嘟嘟地说：“对啊！我明明就很乖地吃饭，可是我还没吃完，保姆就说已经超过时间了，我才没有超过时间，是保姆骗人。”

问题点清楚了，是在时间的计算上，孩子没有“三十分钟有多久”的概念。

妈妈安慰孩子说：“我知道了，你觉得你有乖乖吃饭，应该要吃两颗糖，但是保姆说你吃太久了，超过了三十分钟的时间限定，所以你只能吃一颗糖，对吗？”只见孩子点头如捣蒜，还是不断地说保姆说谎，对他不公平，他不要再听保姆的话了。回到家的时候，妈妈拿了一个时钟问孩子：“你知道三十分钟是什么意思吗？”孩子摇摇头表示不知道，于是妈妈就说：“我知道你很乖地吃饭，但是因为你没有达到保姆定的规则在三十分钟以内吃完，所以你只有一颗糖，这不能算是保姆骗人说谎。妈妈去跟保姆说，希望她能够用你明白的方式做规范好吗？”孩子这时候才释怀地点头说：“妈妈你明天一定要跟保姆说，我已经乖乖吃饭了哦！”

也许有些父母会觉得这样的一个沟通过程要花好多时间，太快速地下判断下结论会让孩子觉得父母没有在听他说话。所以“倾听”与“归纳”是与孩子保持良好关系所必需的。如果不让孩子有表达的机会，孩子可能学会的是隐藏、叛逆和觉得不被关心，例如：

1. “我才不会跟我爸妈讲，反正他们不会相信我。”

2. “我觉得我爸妈好笨，都被保姆骗了。”（其实不一定是谁骗谁的问题）

3. “保姆真的很没用，我讲了我爸妈也不听，我爱怎样就怎样。”

4. “我爸妈就只会把我丢给保姆，除了他们自己的工作，根本不在乎我。”

重点整理：与保姆教养不一致时

1. 教养的责任是父母为主，保姆为辅，父母要懂得与保姆沟通，而不是将责任交给保姆。

2. 如果沟通无效再决定是否要更换保姆，若问题是出在父母没有沟通好，一直频繁更换保姆对孩子也会造成不好的影响。

3. 父母和保姆对孩子而言是站在同一阵线的盟友，不能担心孩子比较喜欢保姆，保姆就更加地宠溺孩子。这种行为也会产生教养不同调的问题，会让孩子产生混淆的价值观和投机的心态。

4. 孩子不断地成长，父母也要跟着一起成长，当发现孩子有什么问题需要注意时，父母要与保姆保持畅通的沟通渠道，双方都一起同步跟着孩子的成长脚步，才会顺利。

Part 5

人物专访：我们都是同一个调调？

在教养孩子的时候，许多不一致的情形都是因为不了解自己的做法有何问题而坚持己见；也有很多时候，教养不同调引发的冲突，其实是由于沟通的方式不妥当所引起的。

平时如果可以多多与其他孩子的父母聊天，交换彼此的经验和心得，将会有许多意外的收获。毕竟在孩子的成长过程中有许多类似的问题，不同的家庭不同的处理方式和经验，可以带给父母更多的思考空间。

在此，我们访问了四对夫妻和一位单亲妈妈，请他们就“教养不同调”这个主题，分享自己的经验和处理方法。不管是“家丑”或是“家美”，感谢他们全都毫不吝啬地与读者分享。

通过这些采访的实际案例，你将学到许多不同的家庭处理“教养不同调”的经验，让爸爸妈妈经由这些案例的分享能接触到更多不同的观念，并可参考他们的做法，尝试解决教养不同调的问题，或许你可以在这些实际案例当中发现共通之处而有所启发哦！

陈致远 & 林秀琴

棒球高手“黄金战士”陈致远，在2005年与妻子林秀琴步入婚姻殿堂，宝贝女儿也在婚后第二年来报到。

个性直率的秀琴成为某知名电视节目的大嫂团固定班底，大嫂团的名气大涨，也让秀琴除了“陈太太”和“孩子的妈妈”之外，又多了一个黄金大嫂团的艺人身份。

忙碌的陈致远和老婆林秀琴常常在各地奔波，在面对孩子的教养上，却也不可避免地与一般父母一样，有着许多的问题需要调和。

急惊风遇上慢郎中

在一般人的印象中，男人的脾气比较急，比较没有耐性，但是致远和秀琴却是正好相反，秀琴的个性比较急也比较直，而致远的脾气却是比较有耐性比较温和，当两人聊到孩子的教养问题，常常都由于两人个性上的差异而各持不同的观点和看法。两人许多个性上的差异，是因为两个人截然不同的成长背景。

原本以为致远和秀琴为同一地方的人，成长环境和背景以及许多教养观念等等都会很接近才对。没想到致远和秀琴听到这部分都同时摇头，异口同声地说他们两人的成长过程中，所经历的教养方式其实有很大的不同。

致远："我们家是很少打小孩的，从小我的爸爸妈妈对我们都是爱的教育，我们想要干什么，想要做什么，都可以。"

秀琴："我妈妈就不是这样，不可能你想要干什么都随你，只要没有照规矩来，我妈妈是马上就会来教训我们这些孩子的。"

致远："所以在教小孩的这方面，我就觉得，小孩子还小，要慢慢跟她讲，慢慢讲她都听得懂的。”

秀琴：“我很急，而且我会觉得已经讲过的，如果你又做错，可能还来不及等到慢慢跟孩子讲，我已经劈哩啪啦地开骂了。”

致远：“就像秀琴说的，我们在这方面，就是教育孩子的方式上面，会有争执，因为她动作太快了，我是觉得可以先问问孩子，了解孩子的想法，然后再慢慢地跟她分析和说明。”

秀琴：“我没办法慢慢讲，致远在那边慢慢讲，我就受不了；我就是动作很快，当时觉得不可以的事情如果孩子做了，我的手可能已经先去把孩子挥开，然后就训孩子，跟她说不可以。像这种情形，致远就会认为，我应该要先好好地跟孩子讲。”

其实急惊风遇到慢郎中，是很多家庭的父母组合，总有一方是比较冲动的急性子，而另一方对待事情会是比较温和。如果无法理解彼此、分工不妥当，很容易造成冲突。

而致远和秀琴则是很幸运地找到了两个人在孩子教养上的分工方法。因为致远比较有耐性，所以秀琴和致远商量出一个方法，当孩子的行为需要管教的时候，就让致远先去跟孩子好好地说，如果致远去跟孩子沟通还是没有效果，这时候就轮到秀琴出马了。

“其实这招还蛮有效的！”致远笑着说，“我会跟孩子说她哪里不对，如果她还是继续不听，我就会跟她说，你不听的话就要换妈妈来了！这时候孩子就会变乖了。”如果孩子还是不听话，就换秀琴用她的方式来管教，致远则说他会给秀琴一段时间，这段时间里他就睁只眼闭只眼，或者自己飘离现场当没看见。

这样分工有个很大的优点：致远和秀琴在管教孩子的一些重点上，两人是有共识的，孩子如果做错了事情就是错，不会产生模糊地带。只是先用致远的方式，如果给孩子讲不通，再用秀琴的方式，这样一两次之后孩子就会知道，不会因为爸爸是用好好讲话的沟通方式，不对的事情就会变成对的。这样的分工很适合两人的个性，也给了孩子改正的时间和机会。

在讨论致远和秀琴夫妻俩共同找出解决之道时，秀琴在一旁不好意思地说，因为自己性子急，虽然有共识，但是她自己还是常常耐不住性子先发作了。

有一次，三岁左右的女儿，交给婆婆在家里帮忙照顾。她从外面回家时发现自己忘记带家里钥匙了，想说要家人帮忙开门或是把钥匙丢下楼给她，一抬头看到女儿正在阳台上挥手叫妈妈，半个人已高出阳台边了，秀琴吓死了，在楼下拼命挥手大叫要女儿离开阳台。

秀琴说那次她是真的被吓到了，楼下门一开，她就奔上楼去，直冲进家门，然后抓住女儿就啪啪地先打屁股，很生气地训女儿。女儿大哭，婆婆愣在一旁，还搞不清楚秀琴为什么一回家就冲去打孙女。

致远在一旁听到秀琴说这件事也直摇头，认为当时是可以把孩子叫到面前，好好地跟孩子说，问她知不知道刚才做了很危险的动作；然后告诉她不可以再站在阳台旁边把身体伸出去之类的，因为女儿也是看到妈妈所以才会想跟妈妈打招呼啊！

秀琴说："当时我就是很急啊，害怕我这次不让她好好记住这教训，下次若是她又这样在阳台上，真的摔了怎么办？那时候吓得我整个人都快爆炸了，哪有可能像致远说的那样，慢慢地好好沟通啊！"

这个例子，让我们了解到虽然有些夫妻们找到帮助双方教养同调的方法，但很多事情不太可能今天约定好，明天夫妻俩就可以完完全全地配合着做到。所以给急惊风和慢郎中的夫妻组合提供几点建议：

1. 多给对方时间和机会慢慢调整，尤其是个性急的那一方，真的不是那么容易踩刹车的。

2. 两人可针对每次教养发生的问题多沟通。发生的事情无论当时处理得好不好，都可以经过良好的沟通方式来解决，双方也可以比较容易地找到合适的教养孩子的方式。

3. 当一方努力配合时，另一方不要吝啬说鼓励赞美的话。

4. 要用夫妻一体共同努力的模式，而不要用互相观察比较的方式。

桂阿紫与两个调皮儿子

桂阿紫目前是个单亲妈妈，但看起来不像是两个孩子的妈妈。她活泼开朗，偶尔会接一些电视台的通告，是营销和企划的专业人士。

阿紫有两个火象星座的儿子（分别是七岁和四岁），脾气都很火爆又善变，前一刻还好好的，下一秒就又打又抢又哭又叫的。她常常自嘲说，还好自己是土象星座，才能控制住这两个“超级小调皮”。但是这两个孩子也不是光阿紫一个人就可以完全搞定的，阿紫要来跟大家分享她与保姆教养同调的方法。

单亲妈妈与保姆的沟通

大儿子一岁半之前都是阿紫自己带，当他一岁半之后，阿紫请了一个帮忙的保姆。在大儿子两岁半的时候，阿紫生了第二个儿子，保姆前后请了将近三年。小儿子从出生到两岁多都是给保姆带，从周一带到周五，周末则是阿紫的母亲帮忙照顾，保姆一直请到大儿子满四岁半去念幼儿园为止，才将两个孩子交给阿紫的母亲去帮忙照顾。

当时请的是保姆，阿紫说自己还算幸运的，遇到一个有经验、人又很好的保姆。而且因为阿紫不希望孩子把保姆当成帮佣，为的是不想让孩子养成骄奢的习惯，使唤他人做事，保姆的年纪跟阿紫的母亲一样，阿紫就请孩子要叫保姆“姨奶奶”，而且要求孩子对保姆要有礼貌。

“我当时是请来的保姆，比较贵也比较难请，而且朋友也会问，难道不担心保姆的人品？”阿紫笑说，因为请的是本地的保姆，可以调查，所以人品倒不担心。之所以坚持请“到府保姆”，虽然比较贵一些，但是在保姆对孩子的教养方面，自己可以充分了解、即时沟通。

例如，她在家中客厅摆放一只可由手机连结观看的监视器，她也告诉了保姆监视器的位置和功用。那并不是拿来监视保姆，而是有时候她在房间听到孩子哭闹，或孩子在说一些不礼貌不正确的话，阿紫不一定会立刻出来制止，而会开监视器来看保姆是否已经在处理。如果保姆已经在处理，阿紫就放心地交给保姆处理，这种方式是尊重保姆，并且让保姆可以好好协助教养孩子。

阿紫说：“很多时候只要家中的女主人出来了，大部分的保姆会选择不说话，让女主人处理，但是这样孩子很快就学会不听保姆的话。”孩子在客厅大吵大闹不好好吃饭，要等到妈妈出来制止才乖乖听话。这样保姆会带得很辛苦，就算保姆在家，做妈妈的也不得闲。

阿紫对保姆的观念很开放，不像一般的父母都盯得很紧。她认为，有些时候做母亲的要懂得放手让保姆去处理，这样当自己不在家的时候，才能够放心让保姆跟孩子相处。

保姆太疼孩子也需要沟通

阿紫说："如果说我的保姆在教养小孩上，遇到什么问题需要沟通，那大概是保姆太疼小孩了。"平常我们都会担心遇到虐待孩子的坏保姆，当然如果要选，大家宁愿保姆疼自己的孩子，总比虐待孩子好一百倍，但是有时候太疼孩子也会有些小问题发生。

阿紫的小儿子很喜欢抱抱，但是她对孩子的教育方式是蹲下去跟孩子抱。阿紫有两个儿子，当一个要抱抱的时候另外一个也会要抱，所以蹲下去跟他们抱抱是没问题，要站着抱两个小男生就太勉强了；同时，阿紫也要避免孩子养成动不动就要大人抱的习惯。

阿紫说："常常看到小孩在路上哭闹着要大人抱着逛街，就觉得这样很不妥当，我的观念是要训练孩子自己走。"

但是有一阵子阿紫发现小儿子要抱的时候，居然还加了其他的要求：

"妈妈我要站起来抱。"

"妈妈比较高，站起来的话你只能抱到妈妈的大腿呦！"

"不是，我要妈妈抱着我站起来。"

后来阿紫搞清楚原来是她会错意了，小儿子是要她蹲下来抱他之后，还要抱着站起来，那不就等于抱着他走来走去？一直以来阿紫没有让孩子养成这样的习惯，所以阿紫没有答应他，但是孩子开始哭闹，还大发脾气，因为小儿子才不到两岁，问他问题也讲不清楚，阿紫只好自己去揣测。

平常周末阿紫会请母亲帮忙照顾孩子，所以阿紫就跟母亲查证，她以为是母亲会这样抱孩子，想要请母亲不要这样抱孩子。没想到跟母亲沟通之后，母亲反而跟阿紫说她最近也发现小儿子会这样要求。阿紫的母亲还以为是阿紫都这样抱孩子，也正想劝阿紫不要让孩子养成这个习惯，而且阿紫母亲还说，自己没办法这样抱孩子，小儿子有十几公斤重，她这样抱孩子会很累的。

阿紫向母亲查证后，做了另一个揣测："我那时候想了想，不是我的母亲，那应该是保姆，于是我向保姆询问。"

保姆告诉阿紫因为大儿子自己会去上厕所，自己会拿小椅子，小儿子则是从小由她抱着去拿东西，抱着他去上厕所，可能是因为这样，他才会要求妈妈也要这样。阿紫听完之后跟保姆沟通，过去孩子还很小，抱来抱去没关系，但是孩子已经快两岁了，要开始要求他自己去拿东西，当你坐在沙发上的时候，孩子可以爬到她身上要抱，但是当你要站起身时，就必须要求孩子下来，不能因为他赖在身上所以就抱着他去做事情。

阿紫说："我也告诉保姆，小儿子要求我和我的母亲要站着抱他，我们都没有办法做到，所以请保姆跟我们一起教育孩子。"

当大人告诉孩子要去做事情的时候，就不能耍赖哭闹缠着要抱，也不能要求大人要抱着他站着或走来走去，偶尔可以用玩耍的方式抱高，但是不能哭闹。保姆这边沟通得很顺利，听完也很赞同阿紫的教养方法，所以配合阿紫一起改掉了小儿子的这个坏习惯。

童年的经验提供更多的了解

阿紫分享了一个她母亲告诉她的故事，是阿紫小时候也由保姆带的经验。

"我的妈妈曾跟我说过，我小时候被送到保姆家，保姆因为担心我的妈妈不把孩子给她带，所以都说我很乖很听话。有一天，我妈特地提早到保姆家去看我，结果就看到我在吃饭时间，拿着小凳子跑来跑去，保姆追在我后面喂我吃饭，我一抬头看到我妈妈站在门外，立刻把小凳子放好，把嘴巴张开乖乖吃饭，我母亲就觉得这样不行，立刻把我接回家自己管教。"

由于母亲的这个经验，阿紫对保姆和孩子的互动有进一步的认识。有时候将孩子送到保姆家，孩子可能在爸妈面前表现得跟在保姆家是完全不一样的，甚至大一点儿的孩子会观察出保姆和父母之间的关系。如果父母不注意，没有跟保姆沟通和强调自己对孩子的教养方式，保姆很可能只想着把孩子喂饱，然后就丢下孩子自己玩或是一直让孩子看动画片。

阿紫最后提供给大家一些小建议：

1. 在与保姆沟通教养问题方面，如果是请“在自家住的保姆”，平常相处的时间比较多，沟通比较容易，但要注意家里的环境和空间是否安全合适。

2. 如果能先让保姆对父母的一些教养观念有初步了解，之后沟通起来也容易许多。

3. 大部分的家庭都是将孩子送到保姆家，有时候保姆还一次带两个到三个孩子，在不是一对一的情况下，父母也要同时适应其他孩子与自己孩子互动的一些行为模式，不要坚持让自己的孩子与众不同。

4. 除了每天接送时要跟保姆询问孩子的状况和表现，偶尔要提早一小时到保姆家与保姆聊聊天，顺便看看孩子在保姆家的状况是否正常。

白鸟夫人 & 张老爷子

白鸟夫人姓林，目前是在网拍界里的狠角色；张老爷子当然就姓张啦。大家都说孩子多是妈妈在带，然而在他们这对夫妻身上并不适用。

带小孩这件事儿，大部分是张老爷子在张罗，这是一对非常有趣的夫妻，他们拥有一双漂亮的儿女，儿子七岁，女儿四岁。

张老爷子常常说其

实他有三个孩子，白鸟夫人就是其中一个孩子，并且非常自豪地被称为是“太佣”（太太的佣人），反正家里大的小的统统都交给他这位老爷子来处理就对了。

原本属意的白鸟夫人和张老爷子的称呼，却让张老爷的风趣幽默给改了样，变成了张铁嘴和林半仙，为什么呢？张老爷子说：“叫张铁嘴和林半仙如何？因为林小姐常常事情只做一半，然后张先生就会一直碎念，一直念到铁嘴。”还真是有意思的夫妻，那就顺应民意，以下的叙述就以张铁嘴和林半仙来称呼吧！

讲到夫妻对孩子的教养同调一事，张铁嘴和林半仙最同调的地方就是，两人都张大眼睛异口同声地说：“没有同调过啊！”

这对夫妻怎么会没有同调过呢？一定是他们感情太好，所以自己都不知道他们互相配合了对方什么吧！让我们来帮忙分析看看他们是如何“异中求同”把孩子给照顾好的。

精明的装傻，聪明的幽默

张铁嘴和林半仙这对夫妻的教养招数，可能就是一个明明很精明的人却装傻，而另外一个则是聪明地懂得用幽默方式来教育孩子。

“养不教，父之过。”爸爸张铁嘴说了，自古父亲在儿女教养上扮演了举足轻重的角色，即使在现代两性平等的社会中，父亲一职仍背负着教养的神圣使命与严父的枷锁。

何谓严父的枷锁？

原来在家中，时常听到妈妈林半仙或长辈对着小朋友威吓。

妈妈说：“再不乖，你看爸爸生气啰！”“你不乖等一下爸爸回来打屁股！”“爸爸说不可以喔！”原来爸爸这身份在家中是拿来这样用的啊！听起来好像很有效果。

张铁嘴有点儿无奈地说：“当这样的观念已根深蒂固，所有人的心里都这样认为时，身为爸爸的我只好‘自告奋勇’扮起黑脸，其他人都是白脸，有老白脸、大白脸、小白脸……”

张铁嘴显然对这样的教养方式有些意见：“这样的教养方式真的是对的吗？当小孩犯错的时候，为何不是当下自己扮起黑脸直接给予正确的观念，硬要把爸爸拉进来当坏人？”

黑脸扮久了，张铁嘴担心小孩的判断能力会越来越精妙，还会不时地钻一些漏洞，例如爸爸在的时候要乖，爸爸不在的时候耍赖。林半仙最厉害的一招，就是“这不会”和“那不会”，所以一家人都学会，爸爸在的时候什么事都会做，爸爸不在的时候就都不会做了。

张铁嘴要申诉："大家看看'爸爸'多好用啊！所以，这也就是凶巴巴（凶爸爸）的由来，但爸爸何其无辜啊！"张铁嘴马上举出以下几则例子，证明小孩很聪明以及林半仙这个妈妈"这不会和那不会"的幽默对话。

女儿说："爸爸，你会不会绑辫子？"张铁嘴："不会！"（其实爸爸会绑辫子，故意说不会。）女儿说："不会要学啊！不学当然不会。"张铁嘴心想：这不是我的台词吗？这小孩子居然拿我的话来将我一军，真是长江后浪推前浪，前浪死在沙滩上！不能小看孩子，小孩子真的很聪明的。

又有一天，张铁嘴和林半仙都在家中陪孩子。女儿说："妈妈，我要吃苹果！"林半仙："去叫你爸爸削给你吃，妈妈不会削，会削到手指，你想要吃有血的苹果？"女儿惊慌地跑来找张铁嘴说："爸爸，请帮我削苹果，我不要吃有血的苹果。"张铁嘴："我还真没吃过有血的苹果，倒想吃看看是啥滋味？"其实张铁嘴当时说要吃有血苹果真正的用意，是想要林半仙试着去做做看，不去试着做怎知会失败？

张铁嘴看着林半仙示意："不会要学啊！不学当然不会。大人不是一直这样教小孩的吗？当有一双水汪汪的大眼睛望着你时，你忍心拒绝吗？舍得让她失望吗？"

后来张铁嘴从丈母娘口中得知，林半仙家的传统是吃水果都不削皮的，也很少吃要削皮的水果，所以没人会削水果皮。唯一一次削水果是林半仙想吃苹果，林半仙的外公削给她吃的，而且只削给她一个人吃哦！（这时林半仙在一旁洋洋得意）哇！真是一语惊醒梦中人，张铁嘴说他终于恍然大悟，林半仙不会削水果是为了要延续这优良的传统。

张铁嘴开玩笑说：“所以即日起爸爸不必再削水果了，可以一直等到女儿生了女儿之后，再削给外孙女吃，这段期间想要吃水果的自己拿去连皮一起啃。”

这些话从张铁嘴这做爸爸的口中说出来好无奈，但是却也发现其实这对夫妻，明明就很同调啊！白脸和黑脸都分配得好好的，分工的部分看来也很适合双方的个性。

机会教育，以身作则

张铁嘴也很懂得利用一些机会教育孩子和林半仙。原来林半仙这个做妈妈的也在张铁嘴的教育行列当中，想来这也是一种夫妻同调方案选择之一，可以参考看看。

张铁嘴非常怀疑一个传统说法——“龙生龙，凤生凤，老鼠的儿子会打洞”，这道理是一定的吗？

某天早上，张铁嘴送女儿上幼儿园，女儿的同学吃早餐时，把葱一个一个挑出来丢在桌上。张铁嘴很好奇地问：“你为何不吃葱？吃葱会更聪明哦，而且营养才会均衡……”那位小朋友的姑姑在旁边抢答说：“她爸妈也不吃葱，还不是照样长大，所以也没什么好说小朋友的……”张铁嘴对这样的状况不认同，因为大人的习惯和好恶会抹煞掉小朋友尝试的机会，甚至让孩子觉得反正大人也是如此，自己这样就很正常。

张铁嘴说：“若依此逻辑，假设父亲在抽烟，旁边五岁的小孩也从父亲的烟盒中拿出一根烟点上，开始吞云吐雾起来，这也没什么好大惊小怪的。假设更严重点，若大人作奸犯科，小朋友将来也作奸犯科，是理所当然的也没什么好讲的，是吗？老鼠的儿子一定要会打洞吗？他不能成为太空飞鼠或家喻户晓的米老鼠吗？”

哇！太空飞鼠或米老鼠，这真的是一个非常有意思又幽默的例子。相信这样的教养方式，孩子的接受度一定会提高，这样不但可以让孩子有更多面的思考能力，也能从其他人的身上得到很多的启发。

聊到张铁嘴把林半仙也列入教育和管理的行列，张铁嘴举了一个“以身作则”的例子。有一次，张铁嘴跟儿子说：“把桌上的书本收拾干净，别弄得乱七八糟的……”儿子收到一半，对着一本书说：“这本是妈妈乱丢的，我去叫妈妈收好……”林半仙无端地躺着也中枪，要一起来收拾善后。

林半仙曾跟张铁嘴抱怨说：“每个人生活习惯不一样，

我几十年来都这样乱丢东西。”张铁嘴回答：“我可不希望小孩将来对着他的另一半说，每个人生活习惯不一样，我几十年来都这样乱丢东西。”

说起来也没错，每个人的生活习惯不同，但单身有单身的生活习惯、夫妻有夫妻的生活习惯，有了小孩后的生活习惯更是不同，要随之协调，或是加以更正和改善。不然，怎么以身作则教育小孩？原来张铁嘴在家，要管理两位小朋友和一位大朋友（林半仙）的生活起居以及优良习惯的养成。

在张铁嘴聊了这么多的时候，难道林半仙这个妈妈都没有教养孩子吗？这怎么可能，做妈妈的总得要跟孩子有互动和沟通吧！

其实林半仙的方式很简单。

林半仙说：“不可以的就是不可以，该罚的就是要罚，再不听话就把爸爸抬出来。”原来就是回归到一开始的“养不教，父之过”的那一招啊！其实从张铁嘴和林半仙的教养互动中，可以分析出以下几个重点：

1. 夫妻教养要同步，除了沟通，还有退让这个选项。

2. 同调的定义不一定要条列化、规则化，装傻和幽默有时候也是一种方式。

3. 夫妻双方一进就一退，教养孩子不在于一争高下，而是谁适合什么角色。

MIE & 肯尼

MIE 骑着很酷的重型摩托车，是一个很有想法的女性，她有一个四岁半的儿子。孩子还小的时候，MIE 是全职的妈妈，孩子上幼儿园之后 MIE 才开始她的业务工作，而 MIE 的先生肯尼则是一个工程师。从 MIE 的描述中可以发现，MIE 跟肯尼在孩子的教养方面，也和许多夫妻一样遇到不同调的问题，因为两个人的个性差异比较大，原本以为 MIE 是女性又爱骑重型摩托车，应该脾气比较急，没想到好像跟想象不太一样呢！

夫妻一起讨论找方法

MIE 和肯尼的个性不同，所以处理事情的方法也会有很大的差异性。

MIE 说："因为我和老公个性差很多，他很急性子，相较之下，因为专职带小孩的我已经跟小朋友磨合过，所以我比较知道小孩的个性。"

原来在很多管教孩子的事情上，由于 MIE 当时是全职的妈妈，所以对于孩子的习性和一些问题处理会比较了解。但肯尼因为想法跟实际状况有点差距，当肯尼的要求孩子无法达到时，肯尼会不开心，觉得 MIE 应该要想办法去教育孩子达到要求；但是 MIE 却不认为肯尼的要求孩子一定要认同，在这种情况下就会造成很多不愉快。

MIE 举了一个例子："像是收玩具这件事，我喜欢让他玩一玩，最后再让他一起收，因为我不想让他正玩得开心时，去做他最不喜欢的收拾活动，我觉得玩的时候就让孩子开开心心地玩，不差那一小会儿。"

可是肯尼却觉得，应该一次玩一样，要玩下一个玩具，请先收好手边的，再去进行下一项。

然而 MIE 觉得小孩是风向星座，善变得很，因为怕被爸爸教训，所以被爸爸盯着的时候会照着爸爸的意思做，但其实根本无法让他发自内心记得。

“常常爸爸下班一回家，看到满地的玩具，就会发脾气。”

这样的状况如何处理呢？MIE 表示，后来她去跟肯尼讨论，这个问题到底怎么样才能处理得好。肯尼说，之所以希望保持家中整洁，是因为在家里如果玩具乱放，常常会踩到玩具，这样是很危险的，而且心情也会大受影响。

MIE 认为她可以接受肯尼的想法，所以他们讨论出结论：MIE 去跟儿子约定不管怎么玩，在爸爸要回家之前，都要收拾好玩具，不能丢得到处都是，这个约定儿子也可以接受。

隔代教养沟通伤脑筋

刚开始 MIE 是全职妈妈，但是偶尔还是需要休息一下，MIE 就会请自己的妈妈帮忙带一下孩子，后来 MIE 开始上班，就托妈妈帮忙接手照顾孩子的工作。但是就如同大家常常讨论到的隔代教养问题，MIE 开始面对许多需要跟肯尼和母亲两边沟通的状况。

原来MIE的妈妈虽然很愿意帮MIE照顾她的孙子，可是MIE说她的妈妈是传统个性的母亲，长年在市场工作，个性很豪爽不拘小节。肯尼觉得岳母太宠孩子，常常让孩子把整个房间玩到翻掉；MIE的妈妈则以小孩开心为原则，不会觉得这是需要教育孩子的重点。

MIE说："最让我老公无法接受的是，每次小朋友咳嗽，我妈就会拿她自己在吃的中药给小孩吃。"

说到这个问题，MIE的妈妈认为那个中药治疗咳嗽很有效，MIE说她知道妈妈是一番好意，可是肯尼知道后大发雷霆。但肯尼会觉得这是不行的，怎么可以没经过医生诊断就给小孩吃这些中药？后来MIE只好去跟母亲沟通。MIE说："我请我妈妈不要给儿子吃不确定的东西，结果我妈对我生气，她说她不会给小朋友吃危险的东西，那个中药她自己也在吃。"

肯尼生气岳母给孩子吃中药不对，MIE的妈妈生气自己女儿好像在质疑自己对孩子不好。MIE当时两边沟通无效，里外不是人，状况一团混乱，夹在老公和母亲的中间，后来MIE还是用拜托的语气去跟妈妈商量。

MIE说："我跟妈妈说，孩子如果有不舒服，请妈妈先告知我小孩哪里不舒服，然后让我先带孩子去看医生再说。"

在MIE的妈妈接受了MIE的建议之后，因为孩子会先去看医生，当然就会依照医生的嘱咐吃药，肯尼和 MIE 的母亲都因此而得到了解决途径，中药的事情当然也就很少发生了。

MIE 觉得孩子给长辈带，优点是不用担心小朋友的安危，费用可商量，和家人感情也会变得比较融洽。

主动提供办法帮助长辈

但是 MIE 觉得隔代教养也有缺点，就像肯尼会担心小孩被宠坏，MIE 则是担心妈妈身体不好，怕长辈会太累。另外就是因为担心妈妈太辛苦，不想烦劳妈妈帮忙收拾孩子玩耍的残局，MIE 下班之后回家，还要整理善后觉得很累。

“我妈很宠小孩，常常带他去便利超市，买玩具给他；或是他说要吃饼干，我妈把包装给撕开，他吃一两口就不吃，又换另一包开，常常造成浪费；玩具玩完又不收，有时候还命令我妈做这个那个的。”

MIE 一口气说了好多个让她看不过去的事件，有时候 MIE 的妈妈也会跟她抱怨说小孩今天很皮，这边跳那边跑的，搞得 MIE 的妈妈很疲劳。MIE 也会担心这样下去，儿子生活习惯会变差。于是 MIE 想了一些办法，先跟妈妈商量约定好，请妈妈在固定时间可以买一次玩具，饼干一天拆一包为上限。如果小孩要跑跳，就带他到住家楼下的大厅玩，MIE 的妈妈只要坐在旁边看着孩子注意安全就好。然后也讲好玩具必须请孩子自己收拾，否则等 MIE 下班回家，看到乱丢的玩具，玩具就会被没收。有了这些约定之后，再加上母亲的配合，目前孩子和 MIE 的妈妈都觉得还不错。

在 MIE 与老公肯尼和妈妈之间，我们可以看到夫妻同调与长辈协调的重点：

1. 夫妻双方不要坚持己见，明确说出自己的想法才能沟通。

2. 与长辈的沟通有时候不能太直接，应先想个合适的方法，再引导长辈往教养同调的方向走。

3. 许多时候想办法来制定一个大家方便、孩子也容易遵守的规范，比要求或争吵更有效。

幼教专业妈妈 & 健康取向爸爸

德育医护管理专科学校幼教专业毕业的碧娥，自己生育两个孩子，一双儿女全部由自己一手带大，现在因为两个孩子都去上学了，她才开始在家中从事保姆的工作。目前帮一个老师照顾五个月大的婴儿，而他的老公厚佑不但是一个专业的理财业务员，更是一个注重健康与养生的人，

曾与友人骑着脚踏车旅行。他们算是典型“男主外女主内”的家庭模式，这样的家庭组合应该是非常标准，但是他们还是会遇到夫妻教养不同调的问题。

生活作息不同需要配合

相信许多人对孩子的作息观念可能都有些不同的意见。例如，有的人会认为孩子晚上九点就要上床睡觉，但是也有一些人会觉得全家人都八九点才吃饱饭，怎么可能让孩子九点就睡觉。类似的问题，也发生在碧娥和厚佑这对标准夫妻的身上，我们一定都会认为念幼教专业的碧娥应该是那个制定作息规范的人，结果却让人大感惊讶。

碧娥说：“我老公非常重视孩子的作息，吃饭要定时定量，睡觉也是要早睡早起。”

听起来很正常，但是由于厚佑有将近两年的时间在忙事业，当时厚佑每天回到家的时间几乎都是凌晨一点以后，然后早上大约六点他就出门了。碧娥那段日子就常常让孩子等到爸爸回家才去睡觉，厚佑凌晨回到家看见孩子还没有睡，就会表示这样不好。

碧娥认为自己会这样做是有原因的，因为厚佑这样早出晚归，爸爸在家的时间孩子都在睡觉，这样孩子跟爸爸根本没有互动，她认为孩子的睡眠时间可以调整，但是没有爸爸的时间却是过了就没了，所以就跟厚佑沟通，只要她把孩子的睡眠调整到时间足够，就让孩子等爸爸回家，跟爸爸有个十几分钟的互动也好。

厚佑虽然没有说完全同意，但是也知道这是没有办法的办法，所以除了尽量提早回家之外，假日也几乎都安排亲子互动，这样的生活过了两年，直到厚佑的工作时间恢复稳定正常为止。

重女轻男还是重男轻女

家中一儿一女恰恰好，但是儿子和女儿常常受到的待遇不同。过去会有许多家庭重男轻女，现在大多数的父母都会希望自己能做到公平，可是往往还是会在许多小细节上被发现有差异。

“我们家儿子八岁，女儿七岁，先生对待儿女之间的差异没有很明显，但是儿子还是感受到了。”碧娥想起一个例子。

原来是厚佑回到家，常常会用手去玩弄女儿的头发，虽然只是随手拨弄的小动作，但是碧娥发现每次厚佑都只有拨弄女儿的头发，这时儿子就会站在旁边看。于是碧娥就跟厚佑沟通这件事情，厚佑听了以后觉得那就两个人的头都摸吧！

碧娥说："虽然老公听了我的建议，但是这种事情小孩子真的很敏感的，老公拨弄女儿头发的感觉是比较亲昵，时间频率也比较长，但是对儿子就好像敷衍一样，随意摸个两下。"

在专业的全职妈妈眼中，孩子的喜怒哀乐不需要说出口，只要看孩子的眼神和表情就知道了。所以碧娥常常需要在一旁，用眼神跟厚佑示意，希望厚佑可以跟儿子多玩一下。

碧娥说这种事情也没办法勉强，因为厚佑对儿子的态度本来就是比较理性的，总觉得儿子是男孩子，男孩子就应该要坚强、独立，不能让儿子变成爱撒娇的男生。这听起来好像没错，但是在幼教专业出身的碧娥来看，孩子其实不分男女，都希望自己在父母心目中是宝贝，但是大多数的父亲却常常把大人的观点放在孩子的身上，忽略了孩子无论儿子女儿都只是个孩子。

本以为是重男轻女的观念造成儿子受宠，但是听起来却是因为"太重视男生"，所以把许多的想法和压力放在儿子身上，女儿的话却因为比较没有那么多要求和想法，反而觉得更能够轻松地疼爱。

还好有碧娥这个全职妈妈在调解，让儿子不会受到太大的期许和冷落，但是碧娥也分享了一个自己朋友的案例。碧娥说："朋友的老公观念仍是男尊女卑，不仅对孩子，他自己就是典型的大男子主义，认为教养孩子就是妻子的责任。"

很多男人都觉得自己赚钱回家，辛苦工作一整天，妻子只要在家带小孩很轻松。所以从不过问孩子的成长过程和状况，反而是只要孩子有任何问题，就是把妻子骂一顿，千错万错都是妈妈没把孩子教导好的错。碧娥说这样其实是非常不好的，因为孩子还小的时候，会因为常常觉得害妈妈被爸爸骂而有罪恶感。孩子慢慢长大之后，长久的错误观点累积，很可能会让孩子以为爸爸是对的，甚至瞧不起妈妈，辱骂妈妈，要求妈妈像佣人一样伺候自己，这绝对是不好的。

针对夫妻教育方法不一致时要怎么办，全职又专业的碧娥妈妈给了三点建议：

1. 遇到问题双方沟通好底线，然后尽量尊重对方的主导权。

2. 讨论孩子的教养问题时要避免孩子在场，不要当着孩子的面讨论。

3. 家族成员可以举行家庭会议，用最简单的举手表决，或是讨论的方式制定出双方的折衷办法。

Part 6

专家教你如何教养同调

隔代教养不同调怎么办?
只要保姆疼孩子就好?
夫妻如何协调双方的步调?

亲子教育专家　吴娟瑜

学历：美国印第安纳波里斯大学应用社会学硕士。

现职：演说家、作家、泰山文化基金会董事。经常受邀至中国大陆、美国、加拿大、澳大利亚、新西兰、日本、马来西亚、新加坡等地演讲，并且经常作为广播、电视节目的专家来宾。

她的专栏作品遍及各大主流报刊，也常受邀出席各大电视媒体，在节目中担任节目主题的专业人士，擅长情绪管理、亲子教育、亲子沟通、女性成长、亲子成长等议题，已出版相关专业书籍20余册。

隔代教养不同调怎么办?

现代人生活压力很大,许多父母都需要两人一起工作才能够应付家中的开支,所以孩子交给家中的长辈来带是非常普遍的状况。虽然说是含饴弄孙,但是长辈带孩子多少还是要担负起教养的责任。我们常说自己与父母有代沟,那孩子和爷爷奶奶的年纪代沟绝对不会少;加上大环境的改变,价值观的差异,对待孙子和儿女在态度上观念上的不同,这样最容易产生“教养不同调”的问题。

讲到隔代的教养不同调的问题,举例子来说:

有一位妈妈她的儿子在幼儿园念书,妈妈是办公室的上班族,平常上班很忙碌,小孩就被带到公婆家去。有一天,6岁的儿子在婆婆家吃饱饭了,妈妈下了班就去把孩子接回自己家,一进家门,儿子就很不客气地把脚抬起来说:“妈,帮我脱鞋子。”

那个妈妈看到自己6岁的儿子,一脸正经地命令她,让她非常惊讶,当然心中生气也是免不了的。她觉得非常不可思议，孩子小小年纪，竟然用命令的语气叫妈妈去帮他脱鞋子。

妈妈就不断回想，过去她照顾儿子的时候，儿子并不会有这样颐指气使的行为和态度，妈妈当场就断然地拒绝了儿子的要求。她制止儿子说："不可以叫妈妈帮你脱鞋子，自己的鞋子要自己脱。"

没想到儿子也很不开心地说："为什么不行？奶奶都帮我脱鞋子，为什么你不帮我脱？"

听到儿子抱怨的内容，这个妈妈觉得很困扰，这位妈妈跟我说："我把孩子送给公婆帮忙带好像不太对，但是我的工作很忙，又要养家。如果我现在放弃了工作和理想，不知道是不是真的比较好，可是看到孩子态度变成这样，心里也觉得挺对不起孩子的。"

这个妈妈问我："孩子态度这么不好，到底要不要跟公婆说呢？我说："当然要。"教育孩子，需要在这个孩子周遭的所有大人们都同调才可以。妈妈问："那我要怎么跟婆婆讲比较好？"我提供了两点建议：

1. **与公婆维持良好的互动关系。**

平常要跟自己的公公婆婆维持一个良好的关系，常常要谢谢他们，感激他们的帮忙，偶尔带礼物给他们让他们开心，另外，等到有充分的时间，好好地跟公公婆婆相处，在聊天的时候，勇敢地提出自己的建议。

2. **勇敢地提出建议。**

许多人都不敢跟自己的父母或公婆沟通，其实我觉得要勇敢地提出建议，跟长辈讲出你的感觉，说出你的需要，英文里面的 Feel 跟 Need 很重要，跟公婆沟通，建议和沟通的方法也很重要，这个 Feel 跟 Need 要怎么让长辈知道呢？

(1) 感觉（Feel）：

告诉公公婆婆很谢谢他们帮忙照顾孩子，但是现在有一些小问题，例如：孩子态度很差地要求我帮他脱鞋子，

这个我觉得不太合适。

用与长辈聊天时的语气，轻松地带出小孩目前发生的问题，让长辈不会感觉到有压迫或是责备的态度，让长辈听到了你的感觉，那是你身为妈妈对孩子出现了一些状况表示的关心。

（2）需要（Need）：

对婆婆说："我需要婆婆您帮我这个忙，请婆婆也一起教导孩子，不要再帮他脱鞋子，让他养成这样的坏习惯不好，所以希望婆婆可以配合，我们一起把孩子往对的方向来教好。"

长辈听到了你的感觉之后，请求长辈出力协助，展现出你对长辈的需要，让长辈有被尊重的感觉，有与你站在同一战线的认同感。通常只要是正确的需求，人都是愿意帮忙的，答应帮忙之后当然也会有一种使命感要去完成。

有时候直接沟通的效果反而比较好，因为有些妻子通过丈夫去跟婆婆讲，话传来传去，反而会被误会，变成妻子在背后说闲话，嫌弃长辈没有把孩子教好，这样反而容易造成更多问题。

只要保姆疼孩子就好?

除了长辈可以帮双薪的父母教养孩子之外，现在越来越多的人可能因为长辈有困难，或考虑到其他因素，很多父母选择请保姆来帮忙带孩子。但是大多数父母又担心保姆会对孩子不好，看到许多社会新闻事件，许多可怜的孩子都被保姆虐待。所以有些父母在选择保姆时，会倾向只要保姆很疼小孩就好，但是这对孩子的教养会是好事吗?

举一个保姆的例子，有一个妈妈也是一个全职妈妈，但是她孩子是给保姆带。她说，有一天下班去接小孩，看到保姆跟孩子坐在沙发椅上，孩子在哭闹，这个妈妈看到保姆在哄她的孩子。在一般人眼中，会觉得保姆这样哄孩子是很有耐心和爱心的表现。但是这个妈妈看在眼中，越看越觉得很不对。这个保姆对待小孩，是用不断地去“讨好孩子”的方式，哄他宠他讨好他，而不是制定一套规范让孩子遵守。

这个妈妈回到家左思右想，发觉孩子已经快六岁了，

用哄小婴儿的方式去哄孩子，一方面无法让孩子建立正确的生活作息，另一方面会让孩子的心智没法跟着成长。当孩子没有做正确的事情时，即使哭闹也不能用讨好的方式，而是应该要指出错误并要求孩子改正才对，如果孩子从小就得让大人哄着，那他就无法建立正确的价值观了。当这个妈妈发现了这个问题，她来问我有没有好的建议，可以让她的保姆改善这种教育孩子的方法，我给她的建议是：

1. 收集关于孩子成长及教育方面的好文章和好书。

以分享的心情送给保姆看，提供给她一些教养孩子方面的讯息。在不同年龄的孩子做错事时，该如何教育、如何和孩子沟通比较好。这种分享好书好文章的方法，会让保姆发觉到孩子的父母也在学习和成长，保姆自己就会努力充实自己的信息。

2. 和保姆一起讨论一些教养模式。

当孩子犯错和无理取闹时，妈妈和保姆要一起采用什么方式比较好，讨论议题包括：当保姆的家人到家，看到孩子任意吵闹的时候，他们要如何配合。有些保姆的家人认为这只是一份带小孩赚钱的工作，下班回家看到孩子还没有被父母接走，他们会显露出一副不耐烦的态度，这样对孩子的影响是非常不好的。

“游戏规则”不只是定给孩子遵守的

大家都知道教育孩子时有个很重要的事情得做，那就是制定“游戏规则”。可是这个“游戏规则”在大部分的父母心中，只是用来给孩子遵守的，其实这种观念是不正确的，“游戏规则”定了之后，应该是所有的家族成员都要遵守的。

首先，孩子的成长需要“游戏规则”，要让他清楚什么时间可以看动画片可以玩，什么时间要休息要睡觉。大一点儿的孩子可能会用电脑打电动，父母也要规范时间以及次数，时间到了孩子就要遵守。

其次，所有在孩子身边出现的大人，都要明白孩子的游戏规则以及遵守“一致性”，而不是只有爸爸或妈妈要去负责教育小孩，在孩子身边的爷爷、奶奶、外公、外婆、阿姨、叔叔等等，都要一起配合。不能吃糖的时候就是不能吃，不能玩的时候就是不能玩。如果有人想要讨好孩子，破坏规则，其实是伤害孩子也是破坏了自己在孩子心中的地位。

再次，游戏规则的建立要完整。游戏规则的建立常常有大人会很坚持，定了就不可以改、不可以变动，但是那并不是绝对的。游戏规则一定有其目标和意义，在这个目标和意义不变动的情况下，若遇到规则没有很完善，或是孩子已经长大了有想法了，建议父母可以依照不同情况提升等级和修改，只要不是朝令夕改或者变动太大即可。不然有很多家长都会说，游戏规则定了也没用，荒废在那儿不知道多久没人理了，那一定就是游戏规则有瑕疵和漏洞，造成没有人可以好好遵守。

例如，小学三年级的孩子，妈妈答应让他每周六跟周日可以打半小时的电动。结果有一天，家人发现凌晨五点，电脑的屏幕亮着，一探究竟才发现，孩子竟然不睡觉在打电动，家人生气之下立刻责问孩子：怎么不睡觉在打游戏？

原来孩子认为，只要是星期六到了就可以打电动半小时，为了等待打电动的时间，孩子翻来覆去就是睡不着，因为整颗心都充满了“今天是星期六可以打游戏了”的念头，干脆孩子就想，先起床打完电动再回去睡觉好了。

后来，全家人一起沟通研究，修正这个游戏规则，大家决定告诉孩子，早上七点以后才可以起床打游戏。有了这样一个规定之后，孩子也很清楚时间了，从此乖乖睡到早上七点，也不再因为脑袋中装满游戏而睡不着，因为游戏规则定得很明确，你不睡觉也不能提早打游戏，反而是早早乖乖地上床睡觉，这个游戏规则才算完整。

教养不同调对孩子产生重大影响

教养不同调产生的重大影响其实很多，就拿我自己的亲身经验来举例。我的大孙子皮皮从小很爱爬上爬下，有一些箱子堆在那边，皮皮就在那边爬，但是我觉得那个箱子堆堆得很不稳，所以我就叫皮皮不要爬。当我正在跟皮皮讲的时候，皮皮的爷爷就过来制止我，他就说没关系啦！让他爬不会怎样的。

这样的情形是一方在教育孩子但另外一方没有支持，甚至还否定对方的教养方式，两个大人不同调，这样孩子就会变得非常难带。

当年我在教养孩子的时候就发生这种状况，例如我告诉孩子现在该关掉电视休息了，但是丈夫就说："再让孩子看一会儿有什么关系，我刚下班让孩子陪我看一会儿电视。"类似这样的话语越来越多，小孩就慢慢觉得妈妈讲话没有力量没有地位，因为爸爸可以否决掉妈妈的决定，造成越来越多的小孩教养问题。

这次当我在教养孙子的时候，我老公又出现同样的状况。我立刻告诉老公，我在教养孩子的时候请他一定要支持我，我必须让他知道这样不行，不能每次我说什么他都要有不同意见。也许这样可以显示出他是有身份有地位的人，但是对孩子的生活教养却是负面的，从儿子到孙子我不断地跟我老公沟通和抗议，现在终于让我老公明白了。

家中的成员有时候很多，有爷爷、奶奶、媳妇、儿子、孙子，当有一位在管教孩子的时候，其他成员都要尊重，除非有立即危险性的状况，不然就不要在孩子面前直接表达出不赞成的意见，可以等孩子不在场的时候，大家再来讨论整件事情是否有其他更好的的方法，然后再去修正。

在孩子的教养权力分配上，其实爸爸妈妈是首要的人选，爷爷奶奶或者外公外婆是属于长辈，但是并非孩子的父母。长辈常常会忘记这一个重点，而在教养孩子的时候直接跳出来插手，并以长辈的姿态让父母不方便教养孩子，其实这样的角色是不恰当的。家里成员若是比较多的家庭，最好是在孩子不在的时候做好沟通，大家要互相配合并尊重整个教养规则。

大人之间不一致的看法，容易演变成小孩要选择去站哪一边，那到底是父母在教养孩子是非对错，还是由孩子自己去选择他今天要听谁的？整个基准线已经不见了。

最后，有可能孩子两边都不听，因为中间出现漏洞，孩子跟爸爸推说是妈妈说的，跟妈妈又骗说是爸爸说的，结果可能根本是孩子自己想出来编出来的故事。等孩子大了出现了更严重的说谎或偏差行为，大人之间互相责备埋怨，这样对孩子甚至对整个家族都会产生非常不好的影响。

大人之间的沟通若是当着孩子的面，常常会因为面子问题，使小小的一个管教问题演变成家人之间在争夺发言权和地位。例如，婆婆为了不想在媳妇面前低头，硬是要求孩子要听她的，爸爸为了要展现出一家之主的权威，而不管事情的对错都要求孩子支持自己，孩子沦为大人之间争夺的对象，忽略了最重要的议题。

如何判断是否已对孩子产生不好的影响

判断孩子是否已经因为教养不一致而受到了影响，有两个很容易发现的方式：当孩子出现“叫不听”和“管不动”的状况时，就要注意了。

“叫不听”就是我们一般说的有没有听到。很多父母都会头痛地说，明明在跟孩子说话，可是孩子就是好像没有听到，但是当某个特定人士讲话的时候孩子就会听得到。这就是小孩子的隐藏性，好像变色龙，懂得在什么时候怎么样应对大人的世界。他们在各种状况下，又要让自己做自己想要做的，他们不懂但是会自然产生这种“叫不听”的状况。

例如：孩子在看电视，爸爸回家看到乱丢的玩具，就叫小孩去收玩具，但是可能一两个小时过去，爸爸叫了十几次，孩子仿佛没有听见一样。爸爸很生气，这时候妈妈走出来站在电视机前面，跟孩子说电视看太久了要休息，爸爸叫你现在去把玩具收好，孩子就立刻站起来去收拾玩具。

这种状况有人研究过，孩子有时候是真的会忽略掉他们认为不是管理者的声音。甚至有时候他们听见了，却表示听不懂对方在说什么，或者是等待另外一个人的反应，想看看是否还有偷懒耍赖的空间。

“管不动”就已经到更严重的状况了。有一个妈妈称，两个孩子都上中学了，但是在家里会对她出言不逊，而且她说什么孩子都不听。后来经过了解，发现是孩子的爸爸从孩子小时候，就经常在孩子面前辱骂妈妈，看不起妈妈，对妈妈的态度很差，孩子从小就跟爸爸学，孩子因而变成不懂得尊重妈妈和其他人，几乎是无人能管的状态，在学校也会成为老师眼中的头痛人物，父母要非常小心并重视这种状况。

建议当孩子出现“叫不听”的状况时，就要重视，可以很认真地到孩子的身边去，让孩子放下手边的事物，认真地跟孩子说并要求孩子确实听到，最好要求孩子把听到的话再重复一遍。

有个例子是母亲叫儿子帮忙倒垃圾，儿子就是不听话，我请这个母亲回家观察自己在叫儿子倒垃圾的时候儿子在做什么，自己跟儿子说话的方式又是什么。后来那个母亲说她在叫她儿子的时候，她儿子在看电视；她自己通常都是一边在厨房做事一边说，甚至有时候也会一边走进房间一边交代儿子，所以孩子常常不会意识到这是母亲一个很正式的要求。

最好是走到孩子的身边，在双方都可以看到彼此眼神和表情的状态下，好好地把要交代的事情说清楚，并确定孩子收到了正确的信息，这样才算是一种好的沟通以及互动，不然久了孩子就会把父母的话当耳边风，听到听不到都不重要。

夫妻如何协调双方的步调

第一个建议：带动成长

夫妻双方面有时候是一方在成长但另一方却停滞没有跟上来成长。可以一起成长当然是最好，例如夫妻双方能够顺利沟通，可以聊天并拥有一致性，可以共同关心孩子的成长，有共同的方向和话题来一起带动小孩，对家里的长辈也有一致性的关心和支持，这样是最棒的。

但是一般我们看到的家庭，大部分没有这么好的人际关系结构，那就需要有一个人来带动关系的成长。那什么叫带动成长？就是回过头去带领家中其他成员一起成长。

举一个实例，有一个妈妈是上班族，下班偶尔会跟朋友约吃饭或是上一些成长课程。有一次她的老公打电话到她工作的银行，她的老公很凶地在电话里说："你不要每天只忙工作，不然就去这去那的，小孩都很少照顾。”她老公的语气很不好，她当下很客气地在电话中回答：“谢谢你告诉我，我听到了。”她老公以为打错电话，马上挂下电话，心中质疑接电话的人是不是自己的老婆。

于是他就又重播了一次电话，把同样的话又再讲了一遍，没想到接电话的是同一个人，而对方真的是他的老婆，她说：“我知道了，你刚才说的我都听到了，我等一下下班就会回去，谢谢你告诉我你的想法。”

因为这位妈妈在外面上成长课，自己在成长，也终于懂得如何回去带动家人的成长。原来她要给老公一面好的镜子照，今天她自己先表现出不一样的自己。老公一开始会觉得怪怪的，但是同样也会突显出自己讲话的语气态度都太糟糕了。于是老公会慢慢地发现，其实自己不应该一开始就凶巴巴地讲话。这样，家人之间的沟通就会变得缓和，老公也开始懂得什么是好的相处模式，这个就是所谓的带动成长。

大部分的家庭里，在成长的成员因为没有把成长的信息带给其他家人，家人可能还是继续用自己不好的模式在生活。例如前面所提到的那对夫妻，照正常一般的沟通模式，你对我这么凶我就会很生气地凶回去，但是这样一来一往地并没有任何帮助。孩子在成长过程当中也会接收到这样的信息的不良影响，会很可惜地错过教养孩子正确的沟通方式。

另一个父亲的带动成长也做得很不错，他的老婆从来都没有想过自己需要成长，邀她去听演讲也没兴趣，买书给她看也不认真看。后来这个父亲想到了另外一个方法，就是他会上网找一些动态的讯息，然后他会跟他老婆说："老婆你来看，这个新闻很有趣，原来人家国外有这么先进的方式了。"他老婆渐渐地就开始接收新的信息，也开始跟他有更多讨论的话题了，这样其实就是一种带动成长。

夫妻之间本来就有很多想法不同，若再加上双方成长的速度不同，教养孩子要同调就更加困难。不管是谁在上班谁在家带小孩，双方如果可以一起成长，才能一起了解状况，进一步地讨论孩子的教养问题。过去常常听到上班的人认为家庭主妇什么都不懂，其实这不一定，很多家庭主妇抓住时间就看很多关于教养和成长的书籍，未必什么都不懂。有时候谁在带动谁成长，很难从表面就看出来的，为孩子着想就是要夫妻一起成长。

第二个建议：感谢对方

一般来讲，大家来自不同的原生家庭，甚至可以说来自不同的原生家族影响，而且受到的影响根深蒂固，如果要能够马上去支持对方认同对方，其实是非常困难的。

所以如果能感受到自己的另一半或是子女，表示出感谢别人的辛苦，或是夫妻能够互相理解和感谢对方，那孩子就会感受到这种良性的互动，孩子也会懂得感谢和自律。

以我自己为例子，在我的原生家庭当中，我不知道什么叫做感谢。但是在我成长之后，我开始学会感谢我的丈夫，我一天至少说二十个“谢谢”给他，是很自然的事情，刚开始也是不太会讲，有时候会尴尬，有时候会觉得我干吗要跟他谢谢，但是渐渐地，对方也开始响应了，很奇妙。

其实要说“谢谢”真的不难：“谢谢你帮我到了这杯水”；“谢谢你今天帮我们全家人洗衣服”；甚至有时候听到对方说了一番话对自己很有用，也可以说“谢谢你今天跟我说了这么有用的话”；心情不好的时候可以谢谢对方让自己诉苦；心情好的时候谢谢对方的陪伴；孩子不乖的时候谢谢对方给你时间空间管教孩子……其实要说谢谢真的不难，只是我们都不习惯罢了，如果我们开始说谢谢，对方也会开始注意到体会到你的付出。

在良好的沟通气氛之下，当夫妻在教养不同调的时候，双方做同调的沟通势必会比较容易，沟通完双方都会跟对方说“谢谢”，谢谢彼此的用心和对孩子的爱。

第三个建议：约会

我常说："约出去开会叫做约会。"夫妻协调，若是在家里讨论或是在熟悉的地方讨论，人处在太熟悉的环境或是太安全的环境，怒目相视的状况很容易就出现。

在轻松的气氛下，灯光美气氛佳，又有服务生服务，有美食当前加上优美的音乐，这时候再开口说："你说呢？这件事情你有什么想法？"或是用轻松聊天的方式，聊一聊家人和孩子的近况，这样气氛比较轻松愉快，也比较能聊到一些重点。

所以家人一个星期可以约个一次两次，大家一起吃个饭聊个天，很容易就在一些原本不同调的地方取得了共识。

第四个建议：也要常邀请长辈同欢

长辈一个星期帮忙带孩子五天，周末家人常常只顾着把孩子接走，但是忽略了平常就可以多跟长辈互动，让长辈也觉得开心和放松。一样是聊聊天话家常，听听长辈的想法和意见，而不是想到什么跟孩子教养有关的事情，才打电话交代，这样时间短促的沟通容易让长辈觉得不受尊重。而且孩子平时都是长辈在带，也许有很多状况是父母自己不了解，夫妻之间都各有想法而产生了不一致的状态。

例如带孩子的是婆婆，做妈妈的可能对教养有些想法，但是做爸爸的可能就因为加上自己是“儿子”的角色，对整件事情的角度和看法就变得不一样。也可能带孩子的是老婆的娘家妈妈，很多事情都是老婆在跟丈母娘讲，等老公有不同想法的时候却因为之前没有管道沟通，之后又变成无法加入沟通，最后就演变成了夫妻间的争执。

所以夫妻要同调，也要跟帮忙带孩子的长辈们同调，最好的方式就是常常一起跟长辈们聊天问安，听听长辈们带孩子的时候遇到哪些问题和状况。这样做父母的才能一起了解孩子的近况，也才能一起加入讨论并找出方法。

离异夫妻的教养不一致该怎么办?

针对单亲家庭，离异夫妻的教养不同调几乎已是必然的。

离异的夫妻常常是沟通有问题，或是双方无法沟通，这样的状况下，要求夫妻在教养孩子上要同调几乎是不可能的事情。所以如何协助孩子去调适，面对不同调的父母，也是一个很重要的课题。

首先最好是父母双方都不要在孩子的面前说对方的坏话，很多离异的夫妻都会不断地在孩子面前说对方有多不好，希望拉拢孩子站在自己这一边。其实这样的想法和做法都太自私了，没有替孩子着想。因为孩子未必清楚到底发生了什么事情，但是父母的攻击和言语，却会让孩子变得更疑惑，甚至也会在孩子心中产生负面的效果。有的孩子就会觉得爸爸妈妈讲的话都是不能信的，他们两个都各说各话，所以就变成父母两边的话都不听；也有的孩子会变成跟父母一样，在爸爸这边就跟着爸爸说妈妈的坏话来讨好爸爸，到妈妈那边就跟妈妈一起骂爸爸来讨好妈妈，这样的结果都是非常可怕的。

如何协助孩子面对不同调的父母，可能就需要更有力的第三方，例如老师或是跟孩子比较亲的长辈。而这更有力的第三方，需要站在中立的立场，在不攻击父母双方的立场上，让孩子去了解，其实爸爸妈妈都是关心和爱护他的人，只是说话的方式以及做事情的方式不一样，让孩子知道如何去面对。

例如妈妈说不能吃糖，但是爸爸却告诉孩子只要孩子乖乖收玩具就买糖给他吃，已离异的夫妻可能根本不愿意和对方沟通，这时候第三方的人士就要解释给孩子听：不是妈妈不爱你所以不给你吃糖，是因为吃糖没有好处还容易长蛀牙和变胖，妈妈是爱你才不让你吃；也不是爸爸买糖给你吃就是爸爸比较好，爸爸的重点是希望你做个乖小孩会自己收玩具，所以糖果只是一种奖励。

所以离异夫妻要站在小孩子无辜的立场上，尽量以为孩子好的方向去调整自己，若真的不行，或是无法沟通，那就只能看看以下几个建议：

1. 尽量不在孩子面前说对方的坏话。

2. 调整自己的心态，面对孩子的教养，不拿孩子当成彼此竞争的物品。

3. 面对教养方式的不同调，不教唆挑拨孩子去挑战对方的教养方式。

4. 孩子会自己调整适应父母的教养不同调，但父母要更加关心孩子的行为。

5. 当孩子出现问题时立刻反应和处理，不要产生推卸责任的言语，互相推卸只会让孩子更受伤。

后记：教养弹同调，孩子不变调

从许许多多的案例当中可以发现，现在的家庭结构已经和过去的结构有很大的改变。传统的男主外女主内也不再是现代社会的基本观念，孩子虽然越生越少，但是却又每个都捧在手心疼，孩子的教育问题常常变成家庭既急迫又棘手的问题。

双薪家庭、隔代教养、保姆照顾等等，在孩子身边的主要教养人的身份也不再只是父母亲，所以孩子的教养问题，比起以前要复杂许多。

无论状况多复杂，却更凸显夫妻教养要同调，这一点是非常明确的指标。无论是面对隔代的长辈教养，还是因为夫妻都要工作所以只好把孩子托给保姆照顾，我们可以发现，对孩子教育方式影响最大最深的，还是孩子的爸爸妈妈。该如何了解到这些在孩子身边的照顾者和教育者，是父母要负责的；而该如何跟这些照顾者和教育者沟通，也是父母要去努力的。

说到父母的责任，有些人可能会说，“照顾孩子是身为母亲的责任”，在现在的双薪生活压力下，这样单方面的责任归属问题已经过时了。因为单纯的家庭主妇也已经快变成了稀有动物了，作老公的也要开始慢慢地学会共同照顾、教育孩子了，所以身为父亲也不能再将孩子的教育问题置于身外。

因为夫妻工作和家庭生活结构的改变，所以夫妻之间也要开始学会对孩子教育问题的沟通，建立起身为父母亲该有的观念和教育模式。夫妻能一体同心地面对和处理各种状况，与长辈沟通，与托育者之间互动，都需要更多细心的观察和体谅，才能够让大家往好的方向进行，也才能让孩子在成长的过程当中，不会因为不确定的指令太多，导致模糊孩子观念的问题产生，而让孩子在成长中变质变调。

希望这本书提供的许多案例和讨论，能够引起大家的共鸣，也能够给大家提供更多方向的思考和帮助。每个家庭因为背景或环境等等的不同，会出现的状况也不相同，但若是夫妻能同心，掌握住“教养弹同调，孩子不变调”的重点，父母在教养的观念上保持良好的沟通和互动，自然就可以让孩子的成长变得更好更顺利。

教养 QA 大搜集：常见的教养争执问题

关于夫妻、长辈、保姆等等之间教养意见不一，本书提出五大常见争执问题，为您分析孩子的做法是否正确。

Q：孩子可以喝汽水吗？

炎炎夏日，汽水是最沁凉的饮品，同时是孩子们的最爱，然而汽水的“用途”更是五花八门：常常孩子们吵着要喝汽水，父母亲只好买；偶尔则被当成奖励品鼓励孩子的优良表现；有时候是爷爷奶奶为了讨好孩子的供品……无论哪一种方式，我们都要针对“喝汽水”这件事情，仔细思考对孩子的益处或者坏处在哪儿。

以下列出四种喝汽水的危害：

1. 影响发育

汽水含有大量的气体——二氧化碳，又称为碳酸饮料。不但刺激胃液分泌，而且容易导致胃酸在肠胃里堆积，一旦累积就会形成不良影响，一来降低食欲、二来产生腹胀等现象，进而减少孩子的日常饮食摄取。各位父母要了解清楚，饮食中若是营养素摄取不足会影响孩子的正常生长发育、学习效果、运动成绩等等。正值发育期的青少年、儿童，需要补充大量的钙质，骨骼才会正常地发育生长，良好的新陈代谢才能维持，并使骨骼密度达到最佳状态。提醒各位家长，长期让孩子饮用汽水等碳酸饮料，是不宜的行为。汽水中含有一种磷酸的成分，磷酸会降低体内钙的吸收。同时，磷酸还会阻碍铁质的吸收，影响孩子骨骼生长及身高的正常发育。铁是制造血液的主要材料之一，一旦铁质不够，会引起缺铁性贫血。正在快速生长发育的孩子们，也正需要足够的铁质来快速造血。特别是青春时期的少女们，一个月一次的经期，铁的需要量更多。所以爱喝碳酸饮料的女孩们，要注意缺铁性贫血的发生，同时也要留意骨质疏松症。

经过科学调查研究指出，汽水容易导致骨质快速流失，尤其爱喝汽水的青少年孩童，骨折几率为不喝汽水者的五倍！

2. 容易变胖

现在很多孩子在外就餐时常常一边吃饭一边喝汽水。然而经过调查：吃饭配汽水，身体容易发胖。

除了水之外，汽水基本不具有营养价值，相反，汽水中含有的某些成分，在一定的情况下可能对人体的健康造成损害。例如过量的二氧化碳、磷酸、咖啡因等等。一罐铁铝罐包装的汽水，含糖量大约为35公斤，相当于140卡热量，等于半碗饭热量，被认为是儿童肥胖的“帮凶”。从营养角度来看，汽水是空有热量的饮料，被称为垃圾食物，只有热量与半碗米饭相等，营养素却相差十万八千里。因为糖分只含有热量，其他的营养价值少得可怜，经常饮用会渐渐地积少成多，无形中会增加孩子体重，同时让孩子养成嗜甜的不良饮食习惯。孩子如果只喜欢喝有甜味的水，而不喝白开水，在餐前或餐时大量饮用汽水，会影响其他食物的摄入量，减少营养的补给；如果正常饮食后再喝汽水，则会导致增加额外的热量。

3. “牙齿杀手”

汽水中糖分的作用，使得孩子出现龋齿的几率大大增加，危害到孩子牙齿的健康。若每天喝一升含酸性及带糖分饮料，一两年后，牙齿表面的珐琅质便会被酸腐蚀掉。香港大学牙医学院做一项调查研究，若每天喝三罐汽水，可能弄得齿坏牙酸，牙科医院每年接收近20件被酸性饮料酸蚀牙齿的复杂个案，有求诊者因每天饮数瓶汽水，导致保护牙齿的珐琅质几乎全被酸蚀光。

有一项权威性的检验报告结果也令人怵目惊心：全国普通瓶装汽水合格率仅为37%，不合格品中有五分之一是因为不卫生。许多小孩喝了汽水后，患胃肠道疾病的情况将增加。

Q：孩子可以看电视吗？

一岁的孩子关注电视屏幕，只有在饼干、点心、小狗、卡通等等画面出现时，眼睛才会为之一亮。但是两岁以上的小孩就不一样，对于什么时间有什么节目、该按哪个按钮相当熟悉，而且，对电视内容有一定程度的反应，有时候让人搞不清楚孩子是不是真的看懂了。

现在孩子一出生就身处在电视环境中，自然而然对电视并不感到稀奇，也不陌生，就像认识家中的其他家用器具一样平常，一点儿也不特别。但是，看电视对孩子真的是好的吗?

电视的影响力，基本上从两岁开始，以下为父母亲该注意的事项:

1. 时间分配的效果

两岁孩子喜欢有规则性，吃饭、午觉、吃甜点……凡事要固定，一旦打乱顺序，孩子会不开心进而吵闹、哭喊。当然，看电视的时间若是加以分配，在一定时间内让孩子看最喜欢的节目，播放结束，今日看电视时数也就用完了。对于熟悉的节目，孩子就好像交新朋友一样产生兴趣，这时候也是让孩子养成节制好习惯的机会。

一般儿童节目播放时间正好是妈妈们最忙碌的时刻，一些有节奏感、可以动一动、跳跳舞的节目，都是小孩会喜欢而且容易模仿的，不妨让孩子独自享受电视节目吧!如果父母亲有时间，当然希望家长尽可能陪孩子一起欣赏，那是最佳情况，可以制造亲子间互动的时间和共同的话题。

2. 模仿不见得是坏事

孩子模仿的黄金时期大约为两岁到五岁之间，与其怕电视影响小孩，不如先担心大人们的行为或说话模式是否已经影响到小孩的发展。虽然话是这么说没错，不过给孩子看的节目仍要审慎选择才行！不过大可不用担心的是，两岁的幼儿多半不会受节目内容的影响，只会模仿简单的字句或动作，因此父母亲可以放心。

3. 注意时间、距离

小孩的座位要比电视位置稍高，尽量俯视而不要以仰角的角度看电视，距离大约是画面对角线的八倍长，室内的光线和画面相比不可太暗或太亮。

看电视的持续时间最多 30 分钟；如果看太久，对眼睛及视力的伤害相当大，因此 30 分钟后必须休息一段时间。

4. 预防“电视儿童”

所谓的“电视儿童”是指长时间看电视的小孩。事实上这不只是时间长短的问题，也该列入考虑电视对孩子的影响程度，孩子整天守着电视屏幕，把电视当好朋友，这会使孩子在成长、学习上和社会呈现脱离状态。

面对电视，孩子只能不断地被动接收着，但是吸收到的是否为正确的知识，我们无从判断。

不过，两岁的孩子是个充满好奇心的探险家，如果大人们能适当地安排户外活动，小孩的兴趣与好奇心一旦被激发后，小孩的学习心态也会提高。

5. 避免冲击性的节目

由于幼儿的理解力、判断力不足，往往把一些画面当真。不适合幼儿观赏的电视节目，是指具有冲击性、残忍、攻击性、令人身心畏惧或不安的画面，容易造成小孩不眠、恶梦、食欲不振等等现象。因此若要让小孩看属于比较刺激性的节目时，大人最好在孩子身旁陪伴，并握紧孩子的手以减少不安，看完之后还要对孩子详细地说明。

6. 注意电视广告的影响

电视广告长度不会超过五分钟，但是却能吸引孩子们的注意力，有些孩子一听到广告播放的歌曲，就会跑到电视屏幕前看，甚至还会把广告词或歌曲背下来，咿咿唷唷地念给大人听。

这大致上主要分为两种原因：一是广告不断地重复播放的曝光率，快速的节奏在孩子脑中留下深刻印象。另一个原因是广告直接、明确的表现手法，利用视觉直接烙印在孩子心中。使用画面视觉和声音的效果来表现最直接的理念，加上反复的播放，便能得以打动孩童。

因此，可以让孩子适当地看一些广告节目，这对孩子的语言发展是非常有利的，也能加强孩子对事物模式的认识能力。

7. 避免电视辐射的伤害

空气中的灰尘受电视辐射的影响而粘附在脸上所致。家长可以做个实验：先洗脸洗干净后，接着打开电视机看一两个小时，再照镜子看自己的脸，最后用一块湿纸巾擦脸，就会发现湿纸巾上留下一层灰灰的痕迹。

传统的电视机辐射较大。分布在电视机周围的一米内危害最大，电视辐射会导致脸上长色斑。当孩子年龄还小时，就应该好好保护孩子的细嫩肤质。

Q：孩子可以吃零食吗？

无论是大人或孩子，都是喜欢吃零食的，看电视时、看电脑时常见随手一包零食。有一些父母宠爱孩子，或者经不起孩子吵闹，或者当成奖励孩子的方式，动不动就买零食给孩子吃，时间久了自然会养成孩子吃零食的习惯。这样既增加家长额外的经济开销，又对孩子的健康有着不良影响，那到底可不可以给孩子吃零食呢？

所谓的零食分为两种：一种是营养价值低，大部分都含有大量的糖分、盐、油脂和其他化学成份添加物，不但香味浓郁、口感酥脆、口味上还有各式各样的味道可供挑选，也难怪孩子们都爱不释手，但这类零食孩子吃多了，长久下来会对孩子的健康有不良的影响。第二种零食属于比较营养又健康型的，例如水果、手做三明治点心等等，这类零食营养成分较高，有益孩子成长发育。

低营养零食

1．影响消化道和味觉功能

这类零食口感一般都比较浓厚，常常又甜又辣又咸，吃零食久了会扰乱孩子胃肠的规律活动，影响消化功能；再加上孩子从小就养成重口味的习惯，味觉敏感度会随之下降，日后的饮食习惯也会改变。况且重口味、油炸类零食吃多了，要注意预防高血压、心血管疾病等慢性病提早发生。

2. 容易造成虚胖

“虚胖”是指体态看起来很高大、壮硕，但实际上体力却很差，甚至隐藏一些疾病，没有表面体态看到的健康。许多的零食热量高、油脂多，例如：洋芋片条状罐装将近1000卡热量，每天若吃上半条（约500卡），这就很容易造成孩子虚胖的体质，虽有壮硕外表实际上却很不健康。

3. 蛀牙危机

零食对牙齿的健康发展有着直接关系。常吃含糖量较高的零食，例如糖果、巧克力、甜品等等，且不注意口腔卫生和牙齿保健，就会导致蛀牙发生。特别是孩童在十岁以前，牙齿正处于发育阶段，如果这时候没有照顾好孩子的牙齿，长大后可要花更多时间和金钱来治疗、补救。

4. 影响食欲

孩子常常在吃完零食后，便吃不下正餐，这样会导致孩子营养摄取量不足。在孩童阶段需要蛋白质、钙质、铁质、维生素、纤维质等各类营养素补给，孩子无论缺少哪一种营养素，都容易造成便秘，也容易缺乏钙质，进而影响骨骼发展，所以均衡摄取养分是非常重要的，这是将来身体、体质或生长状况的基底，不可不重视啊！

吃得健康零食

点心有时候也能成为一项营养补充品，就像在幼儿园里，都会有下午的点心时间，以补充孩子的热量和营养素，保持身体活动所需要的能量。所以父母只要用对方法，零食也可以促进身体健康。

1. 有营养的零食

加工食物仅提供热能，但是营养价值却很低。偶尔需要变换花样，吃一些有营养的零食，对小朋友的健康也是一大保障。

水果：水果含有丰富的纤维质及维生素，孩子多吃水果可促进食欲和帮助肠胃蠕动消化快，对正在发育中的孩子是非常有益的。

乳制品：牛奶、酸奶等，含有蛋白质、脂肪、钙质等等营养素，可作为早上或下午的加餐点心。

糕点：土司面包、苏打饼干、小蛋糕等，含有丰富的蛋白质、糖类、脂肪，可作为孩子下午的点心，以补充能量。但需要注意的是，糕点不能作为主食，让孩子随意吃，也建议不要太常在饭前吃，以免影响正餐饭量。

2. 零食要适量

人体内需要的营养素主要通过三餐获得，而家长往往是孩子零食的供应者，如果将买回来的零食随处摆放，孩子可以轻松自由地取用，在一边玩一边吃的情况下，不知不觉中就会吃下大量零食。这样一方面造成身体的负担；另一方面零食只是一种补充，如果太无节制地吃，就会因此耽误了正餐，对孩子不是一件好事。

3. 吃零食时间要合理

吃零食时间最好是在两餐之间，上午九点十点钟之间和下午三四点钟之间，离正餐时间有两个多小时充裕的时间，可供孩子们尽情奔跑消耗热量，这样也不会出现影响正餐进食的情况。一般来说，儿童的代谢循环会比成年人快速。通常，孩子在两餐之间可能会出现轻微的饥饿感，这时让孩子适量地吃些零食，就可以防止饥饿和增加营养。

4. 不要将零食当奖励品

如果父母常以零食当作奖励或贿赂孩子的方式，虽然短时间内很有效用，但是却失去了原本限制孩子吃零食的目的。应该要树立孩子正确的饮食观，让孩子明白吃零食的危害，可能的话结合实际案例说明让孩子了解。所以父母还是应该避免动不动就以零食来当作让孩子听话的工具。

Q：孩子该养成哪些玩玩具的好习惯？

孩子玩过的玩具散落一地总要你跟在后面收拾？从现在开始最好戒掉这个习惯，因为你今天为他收拾玩具，明天可能就要为他收拾书包、房间，将来就可能成了他形影不离的保姆。从现在开始，将原本属于孩子该做的事情留给孩子吧！例如：自己收拾玩具、吃饭、穿鞋子等等，培养孩子独立自主的好习惯，当然，这需要父母的引导。

1. 别给孩子买太多玩具

我的一个朋友家就像开了玩具店，玩具各式各样什么都有，多到装满了孩子卧室的抽屉，地板上还有几个大塑料收纳箱，全部装满。其实，我们只要冷静思考一下就能明白，孩子的玩具那么多，他玩都玩不过来，还有精力去收拾吗？

2. 教导孩子管理玩具

玩具在孩子眼中是有生命力的，可能是伙伴、搭档。

朋友的小孩就是这样，每天都要给她的玩具小羊喂奶，给小熊洗澡、洗头，给 Hello kitty 铺床睡觉。家里总是七横八竖地摆满她的玩具。

有一天，朋友问孩子："想不想让你的玩具有房子住?"孩子可能没这么想过，但经过朋友这一问，她立马积极响应。于是，朋友带孩子去超市买了一个中号的收纳箱。回到家后，朋友带着孩子一起将所有的玩具安置在箱子里。

之后，玩具房子就归小孩掌管，想玩玩具的时候自己拿，不想玩的时候就把玩具送回"房子"。睡觉前朋友常常会提醒她去和小猫小狗说"晚安"。当然有时她说今晚想让小猫睡在沙发上，朋友也不会勉强她。只要她对管理玩具有责任感，朋友的目的便达到了。

3. 鼓励孩子交换玩具

若孩子对自己拥有的玩具不太懂得珍惜，你也很难培养他收拾玩具的好习惯。既新又漂亮的玩具，孩子玩久了也会腻，腻了就会开始乱丢。爸爸妈妈们不妨多结交几个与孩子差不多同年龄的朋友，鼓励孩子将自己不想玩的玩具拿出来交换，大家一起约定一个"交换玩具日"，并且规定玩具要完好无损伤才可以拿去交换。

规定了这样的日子，平时爸妈就可以提醒孩子要好好保管玩具，同时可以给孩子多准备盒子、箱子或是抽屉之类的收藏空间，建议孩子将要换的玩具和不换的玩具分开保管，这样既能增强孩子收拾玩具的主动性，还能培养他整理和分类的条理性。

4. 让孩子懂得自己收拾玩具

首先，家长们可以先问孩子：爸爸妈妈每天上班，是不是很勤劳啊？孩子回答肯定后，你可以在白纸上爸爸妈妈一栏下面写“上班”，接下来还可以写下“做饭、买菜、洗衣服”等之类的事。谈完父母后，很自然地就可转到孩子的身上：“你能做什么？”在大人的指引下，孩子会很努力地想，然后一件一件地告诉你他能做什么。例如自己吃饭、穿衣、收拾玩具，孩子说的每一件事，你都要认真清楚地记录下来，让他感觉到你对这种品德的认真和重视。最后，按着他自己所说的，你为他设计一张表格，之后可以拿来检验孩子是否有达成表格上的任务。

5. 榜样的重要性

人都是一种模仿学习的动物，孩子模仿学习的对象，有家庭、学校至社会，孩子接触的人和事物越来越多，也就会越复杂。但是有一点千万别忘记，父母是孩子的一面镜子，父母亲的行为模式是孩子最好的典范。

Q：孩子要趴睡还是仰睡好？

舒适的睡眠环境、良好的睡眠质量加上适当的睡姿对宝宝来说非常重要！对于不具备翻身能力的新生儿来说，大约4个月大小的婴儿一天当中有超过一半以上的时间都在睡觉，睡不好的话，会对宝宝的成长产生影响。

相信很多父母亲都听过，睡眠的姿势会影响宝宝头型的美观程度，但是除了头型发展，它还会影响宝宝的睡眠质量，严重的甚至影响到宝宝的健康安全哦！该让宝宝采取哪一种睡姿睡出最美的头型？什么样的睡姿对宝宝来说最安全？怎么睡可以让宝宝睡得最安稳？其实，没有所谓的标准睡姿，只要宝宝睡得安详平稳，哪一种睡姿都是可以的！

1. 仰睡——平躺、正睡

优点是宝宝平躺可以使全身的肌肉放轻松，会比较没有压迫感，睡起来更舒服。另外，宝宝的脸部朝上，口鼻不容易被异物遮蔽，会没有窒息的疑虑，安全性相对较高。同时，爸爸妈妈可以一目了然地知道宝宝的睡眠状况，当宝宝临时有突发状况时，可以很快地被发现并及时处理。

习惯仰睡的宝宝缺点为：仰睡会将人体较为脆弱的胸、腹部暴露出来，从心理层面来说，较无安全感、不容易熟睡，宝宝也比较常发生惊醒反应。而后脑勺长期受到压迫，会形成一般人眼中较不讨喜的“扁头宽脸”头型。同时，仰睡呼吸较费力，也容易打鼾，因为重力的影响，包括舌根、悬壅垂（舌头上的小肉球）和口腔内其他肌肉组织都会向后坠，呼吸道会因此而变得比较窄，同时阻碍气流的流畅度。当宝宝有溢奶、流鼻涕、呕吐等情况时，仰睡容易使这些秽物倒流，严重时将导致吸入性肺炎的发生。

2. 趴睡——俯卧睡姿

趴睡是宝宝双手朝上、脸趴在床上、头偏侧一边的睡姿。趴睡宝宝的腹部比较不容易胀气，因为胃里气体经过体重的压迫，会顺着食道排出来。同时趴睡是最能让宝宝产生安全感的睡眠姿势，宝宝甚至可以听见自己的心跳声，也因此会睡得比较安稳，因为他们在胎儿时期就是一直听见同一种声音——妈妈的心跳声。所以趴睡的宝宝也比较不容易惊醒，睡眠质量相对较佳，因为不需以布巾包裹宝宝来增加安全感，宝宝头、颈、四肢的活动空间也相对自由、灵活，有助于肢体的发展与运用。此外，宝宝也能从环境中获得较多的刺激，例如触摸床、枕头等物品的触感，可以促使宝宝脑部发展比其他宝宝来得快速。当然，日后后脑勺会呈现漂亮的圆弧状，脸形也较为修长，为时下多数人所认为较漂亮的头型。

但对于四个月大的宝宝来说，因为头部还无法自由自在地活动，趴睡的缺点就是若有异物遮蔽了口鼻（例如：棉被、枕头）可能无力挣扎，导致窒息致死的意外发生几率相对升高，所以选择孩子趴睡姿势，爸妈要特别留意、小心。另外，宝宝的鼻腔若有分泌物，则很容易阻塞呼吸道，因为趴着会让分泌物顺着两侧鼻腔流出，使得鼻子两边的呼吸孔都被鼻水所填满，进而影响呼吸道的顺畅度。若孩子习惯趴睡，头固定偏向某一侧，如右趴睡或左趴睡，虽然后脑勺的形状会很漂亮，但脸部还是会有不对称，甚至会发生歪一边的情况。

3. 侧睡——宝宝将身体转向左侧或右侧的睡姿

侧睡的优点是可以减轻睡觉时呼吸不顺畅及打鼾的情况。宝宝不容易在溢奶或呕吐时呛到，口腔内的秽物会由较低的嘴角流出，大大降低吸入性肺炎的发生率。当孩子口鼻有分泌物，例如含有鼻涕、痰时让宝宝侧睡，呼吸道不会完全阻塞。比如说右侧睡时，右边鼻孔虽然塞住，不过左边却能维持畅通，因为重力的关系，分泌物会集中在下方的鼻腔，上面鼻腔仍可以继续保持呼吸畅通。

侧睡姿势的缺点是对小宝宝来说不太容易维持，如同趴睡一样，如果没有经常翻身，还是会有头型不对称的问题发生，爸爸妈妈也需要经常留心，否则宝宝很容易渐渐自己翻成仰睡或趴睡，若宝宝还不会翻身，爸爸妈妈就要经常协助宝宝替换姿势。很多感冒的孩子，持续太久都侧睡同一个方向，分泌物就跑进了耳咽管后，造成中耳炎，所以有些孩子半夜会醒来哭喊耳朵痛，就是这个原因。